U0035370

邁向現代工運第一炮

1920年機工罷工百年紀念文集

梁寶龍——著

推薦序
龍少：出身草根，心繫中華的歷史學家

溫柏堅[1]

國內同胞對港人一向有兩大「意見」，一是他們不愛國、對國內發展完全不感興趣，二是他們愛錢、可以為了個人利益而出賣同胞。如此偏見持續多年，直到梁寶龍先生以詳實的學術研究為港人正名，「誤解」才得以消除——這是梁寶龍先生對香港學術界的重大成就之一，作為一名心繫中華的歷史學家，他憑著滿腹經綸與一腔熱血，傳神地刻畫了香港工人為20世紀的中國工運所作出的貢獻。

梁寶龍先生，被業內尊稱為「龍少」，他的一生充滿傳奇色彩，既是工會運動領導者，又是史海鉤沉的不懈耕耘者。他少年時扎根工廠，後又成為了香港工會運動的先鋒；至於在歷史學的鑽研上，更是自學成才，雖未接受過高等教育，但其對史學之熱愛、文筆之流暢、運用史料之審慎，不遜色於諸多科班出身的歷史學家。龍少在學術界擁有著不可撼動的「江湖地位」，從周奕先生等人對他的尊崇中，便可見一斑。

筆者曾多次推薦龍少的大作，以供南京大學歷史學院的博

---

[1] 溫柏堅任職於南京大學中華民國史研究中心。

士生等群體作為嚴謹的學術參考，如《爭尊嚴：香港海員大罷工史》一書。[2]「海員大罷工」的成功，得益於孫中山領導下的廣州政府，在廣州政府的支持下，海員們逃去廣州、接受庇護，從而擺脫港英當局的壓迫。龍少以筆詮心，致力於還原香港歷史上重大勞工事件的原貌，他在書中不僅生動描繪了港人在國內工人與政黨支持下開展的反殖抗英民眾運動，也呈現了香港工人與國內革命力量同奮鬥、同建設的休戚與共——1920年機器工會罷工，1922年海員罷工，1925-1926年省港大罷工等等皆是如此，部分國內同胞對香港歷史瞭解不深，而近幾年發生的幾起社會衝突，更是令兩地關係頗為緊張。在特區民眾看似對北京缺乏信心、內地同胞對香港存有些許懷疑之際，龍少的著作，或許可以為香港和內地在精神世界重新搭建起信任的橋梁。

龍少的史學啟蒙，得益於陳明銶教授（Ming K. Chan）。1980年代，龍少結識陳教授後，便常常去香港大學旁聽陳教授的課程。一位是求知若渴的進步青年，一位是誨人不倦的史學大家，兩人結下亦師亦友的緣分，彼時的龍少雖入世未深，但陳教授慧眼識人、給予厚望，不僅幫助龍少取得出入圖書館的便利，還帶著龍少參與了《香港與中國工運回顧》和《中國與香港工運縱橫》兩書的編撰工作。[3]龍少當時負責總結記錄其他學者的學術成果，這是件苦差，但也是他與學術打交道的第一份差事，更為他日後的史學成就奠定了基礎。陳教授不僅鼓勵龍少完成了他

[2] 梁寶龍著：《爭尊嚴：香港海員大罷工史》（香港：香港社會保障學會、香港工運史研究小組聯合出版，2018）。

[3] 陳明銶主編，梁寶霖、梁寶龍、趙永佳、陸鳳娥合編：《香港與中國工運縱橫》（香港：香港基督教工業委員會，1986）；梁寶霖、梁寶龍、陳明銶、高彥頤合編：《香港與中國工運回顧》（香港：香港基督教工業委員會，1982）。

的第一本書《汗血維城：香港早期工人與工運》，更出席了該書的新書發布會。[4]陳教授素來是位鑽研學術的清高學者，既與龍少交情深厚，又為其史學新著做宣傳，可見龍少在陳教授心中的地位之高，亦可見龍少的學術含金量之高。筆者的師叔、陳教授的好友李培德教授，常常稱讚陳教授是一個「有分量的學者」，我想，龍少亦是如此。

陳教授桃李滿天下，但真正繼承他衣缽、專心研究華南地區工運史的，只有龍少。這位工人出身的歷史學家將其畢生精力匯於這一領域，也為之填補了諸多空白，1920年機器工會領導的罷工，打響了華南地區工運潮的第一炮，也使得當地的機器工人愈發團結，無疑是值得深入研究的，陳教授雖在博士論文中有所提及，但因此次勞工運動不是他的研究重點，終究未多筆墨。[5]龍少悉此，便與兄長梁寶霖先生編寫了這本關於機器工會罷工的大作，不僅描繪了機器工會在辛亥革命和抗戰時的重要角色，也點明了香港工人在中國近代發展進程中所起到的至關重要的作用。

這是龍少的第三本著作，意義非凡，既呈現了香港工人對中國革命的貢獻，也是對陳明銶教授最好的紀念。龍少師承陳教授，他的學術生涯可以說是陳明銶教授重要的學術遺產，師恩難酬、銜草難報，龍少同陳教授生前的幾位好友一道，將其藏書從美國輾轉運至香港，在嶺南大學成立了「陳明銶教授學術藏書」，並將藏書內的資源整理編目以供學者使用。本書中，龍少對「陳明銶教授學術藏書」內的資源加以介紹，他深知恩師生平最珍視之物，也以恩師最希望的方式，令其學術大義得以延續、

4 梁寶龍著：《汗血維城：香港早期工人與工運》（香港：中華書局，2017）。

5 Ming K. Chan, "Labor and Empire: The Chinese Labor Movement in the Canton Delta, 1895-1927" (unpublished PhD thesis, Stanford University, 1975).

發揚。

龍少此作，史料詳盡、文采斐然，吾輩從中得以瞭解香港機器工人對國家、對城市的貢獻，也得以窺見龍少對史學的熱愛。這本書，值得作為國內頂尖大學的學術教材，筆者迫不及待想帶回南京大學，與學生們共進這一場學術盛宴，萬分期待。

溫柏堅
南京大學
17/11/2023

推薦序
從前，有人行路上廣州……

麥德正[1]

時興懷舊，不少香港人對於幾十年前，以至百多年前的事物都很感興趣，回顧當年衣食住行一類的歷史掌故，津津有味，可是鮮有留意工運。這也難怪，雖然香港百多年前已經有豐富的工運歷史，但香港人多數都不會留意，知道省港大罷工的大概，已屬難得。

原來，香港人開玩笑說的「戇兜兜，行路上廣州」，據說就是源起於1925年的省港大罷工。當時很多香港工人響應罷工號召，抗議英國政府在上海租界射殺爭取權益的工人，乾脆離開香港，返回廣州。雖然當時政府下令九廣鐵路停駛，但數以萬計罷工工人鬥志昂揚，堅決「行路上廣州」，場面壯觀，成為香港人的「集體回憶」，可知當年罷工規模之浩大。原來，省港大罷工還有一個鮮為人知的，非常重要的「前傳」，就是1920年的「機器工人罷工」。所謂「機器工人」就是操作機器的工人，集中在船塢、工廠中工作，當時近萬工人罷工18天，成功爭取增加工資。機器工人開創了「上廣州」的先河，返回自己在內地的老家，投靠親友，堅持不回港，長期罷工，成為早期「港式罷

[1] 麥德正為香港基督教工業委員會幹事。

工」的特色。

機器工人罷工期間，電車工會受到鼓舞，也發動罷工，得到資方答應全部要求。香港機器工人罷工勝利後，廣東機器工人也罷工三天，得到加薪。罷工之後，香港和廣州工人紛紛成立自己的組織，提出加薪和改善待遇要求：香港有120間新成立的行業組織；1920年廣州有工會從26間增至100間，翌年再增至130間。受機器工人罷工影響，1922年海員大罷工爆發，還有一些規模較小的建築業工潮。

本書名為《邁向現代工運第一炮——1920年機工罷工百年紀念文集》，其實內容範圍不限於1920年機器工人罷工，而且是20世紀初的香港工人，如何認定自己的勞動權利和工人身分，組織模式從傳統的「行會」轉變為「工會」，進入了現代工運的模式，就是工人集體透過工會，向資方提出訴求，並在必要時發動罷工，逼使資方談判。當時中國外憂內患，民生艱難，政局風起雲湧，工人一方面要求合理的勞工待遇，另一方面反對國際列強壓逼，以罷工作抗爭手段，十年之間，風潮迭起，發動了機器工人罷工、省港大罷工和海員大罷工。這些罷工的規模和影響力很大，影響了香港以至中國歷史。把香港1920年代理解為工運和罷工的時代，十分貼切。

話雖如此，但這一系列罷工畢竟發生了百年，縱使當年如何波瀾壯闊，一切已事過境遷，當中涉及大量人物、團體和事件，錯綜複雜，而且與今天社會環境沒有直接關聯，一般讀者都會感到陌生，一時之間也不易消化。就算我作為工運中人，有時亦感到難以理解。

每當我墮入香港工運近代史的五里雲霧中，為了入寶山而不空手回，會採取一個「角色扮演」的方法，令自己成為「第一身」（編按：即第一人稱），去理解當時的工運，有點像玩第一身視角的電子遊戲，在一個開放的環境中進行探索。我會想像自己是一個百多年前的香港工人，「我」何以在一個大時代參加了罷工？當時社會環境如何，促使作為一芥草民的「我」參加罷工？那些歷史人物和團體有什麼作為，可以使「我」響應他們的罷工號召？先撥開年份、數據、團體和人物名稱的迷霧，由一個工人／庶民第一身的角度出發，從相關的書本和媒體中找資料和線索，去理解香港近代史，不但更容易理解，而且更有趣味。

首先，大罷工的時代背景是如何？我在本書找到了一些血淚和趣味的資料。對，因為本書的內容多元，「血淚」和「趣味」兼而有之——

當時香港人活著多艱難？艱難到賣兒賣女！有人1917年賣出第一名女兒，得到八十元，翌年賣第二名女兒只得二十元，第三年賣第三名女兒僅有兩元！生計艱難，貨幣貶值，非今日所能想像！

今天香港社會以華人為主流，少數族裔的就業待遇較差。原來19世紀時，印度人的工資比華人高，以警員工資比較，直至1915年，印度裔警員才與華裔相同，但與歐裔仍有很大差距。

以前香港是「幫會之都」，1847年，香港有華人有2.2萬餘人，而三合會分子多達1.5-2萬人，多數香港人是三合會成員。至20世紀初，加入幫會也是普遍現象，連孫中山也是幫會分子。

20世紀初，很多工人住「別墅」，不就是「時鐘酒店」嗎？原來，當年的「別墅」是出租給工人的宿舍，更通俗的稱呼是「散仔館」，是抗爭工人的聚集點。

除了對當時社會背景有一些了解，做「角色扮演」就得投入角色，投入「工人」這個身分。在此之前，還要先理解「工人」

是什麼。嗯？「工人」是什麼，還需要討論嗎？正是，「工人是什麼」是一個仍在繼續討論的題目。字面上，「工人」的意思好像很容易理解，就是打工賺錢的人。但香港人總不會稱呼醫生、工程師、律師為「工人」。那麼，所謂「工人」，到底是怎麼一回事？

香港人對「工人」以至「勞工」的印象，往往等同於從事體力勞動的低下階層「藍領」。而被稱為「上班族」、「打工仔女」、「僱員」、「員工」、「職工」和「職員」的，印象中多數是「白領」。而無論「藍領」和「白領」，當他們要放假、遇到工傷，要離職或被解僱的時候，都必然涉及「勞工法例」，個個都是「勞工」，遇麻煩的話，就要找「勞工處」。

其實，誰是「工人」或「勞工」，並不純粹是字眼定義的問題，有些工作者，被稱為散工、經紀、營業員、判頭（編按：即承包商）、服務提供者等等……他們不被視為僱員，沒有假期，遇上工傷、被拖糧、被終止「合作關係」，都沒有任何法律保障！他們被認為是「自僱者」，但所謂「自僱」，往往都是要聽從公司指令，跟進公司的規矩，與受僱近似。

那麼，什麼是「工人／勞工」呢？這是自從工業革命至今的問題，並引伸出另一問題：工人有什麼保障？本書開篇〈龍少爺導讀——機器工人的故事〉（下稱〈導讀〉）對此作出回應，首先指出，「工人／勞工」可以是，但絕不等同於低下階層或「無產者」。很多打工仔都是業主，當他們積累了一定數量的財富和物業，再投資和出租，就是有產者，可被稱為中產階級，甚至小資產階級。而「工人／勞工」也不一定是兩手空空，沒有生產工具，很多建築工人和手工業者，都是自備工具上班。

再看百多年前「工人」團體，有部分是由「行會」發展而來。「行會」就是該行業從業員所組成的組織，成員有僱員、自僱者和小僱主。自從1910年代，因為法律規定，香港工人組織由「行會」轉變為工會。現在香港職工登記局依《職工會條例》登記的團體，包括勞資混合組織及純僱主組織，可見行會發展而來的痕跡。以今天的建築業工會為例，當中的會員多是受僱的員工，但有些時候，他們獨自向建築公司承包工程，變成自僱者，之後，他可能帶同一、兩名工人一同開工，他們的薪金來自建築公司，卻由自僱者發給他們。這位建築業從業員身分游移於受僱、自僱者和小老闆三者之間，他到底是不是「工人」呢？但無論如何，他也有資格加入工會。

到今天，什麼是「工人／勞工」這個問題似乎更不容易解答。資訊科技進步，「平台經濟」（Platform Economy）興起，「平台勞工」（Platform Workers）越來越多。現時常見的食物外賣員就是近年新興「平台勞工」的典型。平台公司視「平台勞工」為自僱者，他們看似有很強的自主性，但電子平台的控制權完全在企業手上，可隨意調整外賣員的薪酬及待遇。

另一個趨勢，也是隨著資訊科技發展，及近三、四十年勞動彈性化而產生的，就是最近受到注意的「斜槓族」（Slasher）。說得好聽的，就是一人多能，盡展所長，同時有超過一個職業／工作崗位，時間彈性化，獨立自主。從另一面看，就是一人身兼幾職，殫精竭力，收入不穩，有時工時超長，有時完全無工開……

平台勞工和斜槓族往往與飯碗和權益都毫無保障的「零工」（Gig Worker）劃上等號，他們有投訴和要求，尤其是因工受傷的時候，企業、勞工處和相關政府部門指他們是自僱／服務提供者，不是「工人／勞工」，不受勞工法例保障。這是否這群辛勞的工作者的死胡同呢？〈導讀〉回顧百多年前的香港，對今天的我們有些啟發。

百多年前的「行會」很多是勞資混合體，而部分「行會」亦有為勞方發聲。本書的主角之一「華人機器總工會」（下稱「華機會」），也是「行會」之一。當時絕大部分機器工人都是受薪的勞動者，而華機會多番為受薪者說話，可算是工會。百多年前的香港勞動者已懂得為了權益，不要有僱員、自僱者和小僱主的隔膜，大家作為「工人」，有需要團結在一起。今天，香港和世界各地的外賣員也不會在意他們被視為自僱的「平台勞工」身分，一直爭取權益，不時發動罷工，社會大眾都認同他們是在爭取「勞工」權益。

機器工人為何要罷工呢？本書有百多年前工資水平和社會背景的資料，顯示1920年時，機器工人月薪約三十元，已算是高薪，但當時物價騰貴，根本入不敷支，難以維持家庭生計。我們很容易有一個印象，認為貧窮的基層工人才會罷工。〈導讀〉打破這個誤解，指出機器工人是高薪者，卻一早建立了自己的行業組織，甚至早於清末已經投入政治運動，參加辛亥革命，並不是「愈窮愈革命」。機器工人懂文字，知道自己受到剝削，受到「洋老闆」的歧視和欺凌，明白團結抵抗的重要性，敢於爭取自己應有的勞工和政治權利，從清末至抗戰。可見，知識水平直接影響工人的意識，從機器工人的罷工宣言可略知一二：「……是次求增，又施故智，一元五角，聊算加工，恃此刻苛，誰人不憤。躋吾儕於黑奴之列，視我輩若亡國之民，般般輕視，種種侮辱，若不發奮，豈得為人，倘系唔嬲，是真凉（涼）血。凡我同業，應當振臂之一呼，若不人格爭存，則不宜生於人類矣……」1920年代，時值全球罷工潮，英國有大罷工，美國也有一連串紡織、煤礦及鐵路工潮，亞洲各地也有反資反殖的抗爭。香港機器工人也在時代洪流之中，當年大罷工成為全球矚目的國際事件。

百多年前的香港工人知道勞工權益和政治息息相關，所以香港工運一直有濃厚的政治色彩。

意識強烈的香港工人參加清末革命，與孫中山聯繫。到民國初期，把持廣州的，無論是孫中山或敵對的陳炯明都支持工運，罷工工人「行路上廣州」獲得廣州政府支持。

為了政治信念，不同派系的工運勢力一直激烈爭鬥，影響著香港和內地的歷史。以華機會來說，它領導全港機器工人罷工獲勝，但1922年海員大罷工時，華機會卻號召各工會調停罷工，遭海員工會強烈譴責，指華機會是港英的御用工會，為資本家和港英服務。1925年省港大罷工爆發，華機會再次沒有號召罷工，但其屬下工人自發加入罷工行列。後來廣州發生英、法人開槍射殺華人的沙基血案，令更多機器工人參加罷工。有華機會會員對其工會澈底失望，在廣州成立「香港機工聯合會」，1926年，香港機器工人在廣州召開代表大會，另起爐灶，籌組「香港金屬業總工會」，打算取代華機會。華機會領導了1920大罷工，成就輝煌，後來卻有工人離棄，甚至要另建新工會取而代之，我們當如何評價華機會？當時香港工人有的支持中共，有的支持國民黨，形成兩股主要的工運勢力，影響著工會的態度，讀者們可從中思考。

抗戰時期，香港工運內部的矛盾似有緩和，工人都支持抗日，事例不勝枚舉。1936年，一批工會（包括華機會）響應內地籌款購買戰鬥機的號召，籌到兩萬四千多元，購買了一架命名為「香港僑工號」的飛機。1939年，國民政府出於戰時需要，招攬工人到重慶工作，三百多名熟練機器工人，在多個工會的協助下，徒步分批北上，闖過日軍封鎖線，到達重慶，到各兵工廠和鐵廠工作。

近代史中的香港處身火紅時代，香港工人投入工運和政治，推動了歷史。1920年代的三大工運：香港機械工人罷工（1920年）、香港海員工人罷工（1922年）和省港大罷工（1925-1926年），都是反抗剝削、反抗國際列強壓逼，1925年的省港大罷工，更是直接挑戰英國的政治罷工。港英政府當然不想民眾了解這一切，盡方法去冷處理，令香港人遺忘這段珍貴的歷史。本書正是針對這一點，還原香港的歷史角色和真實面貌——香港從來不只是一個經濟城市！香港工人從來不只是賺錢！

乘著懷舊潮流，希望有更多香港人細閱本書，認識香港工運對歷史的重大影響，一方面增加發思古之幽情的樂趣；另一方面，更加重要的，從中了解自己身為工人，和爭取勞工權利的重要性。

最後，要感謝梁寶霖、梁寶龍兩兄弟，他們在工運圈多年，做了很多研究和出版工作，整理了不少珍貴的紀錄，我一直十分欣賞。常言道：「一步一腳印。」但時日久了，特別是風雨飄零之際，腳印便容易消失。梁氏兩兄弟一直作出貢獻，發揚香港工運「行路上廣州」的精神和事蹟。有幸為本書作序，實在非常光榮！

2024年1月13日夜深
寫於「陸漢思牧師榮休分享會」之後

目次

獨領風騷篇

前言——
機工罷工百年感言

文／梁寶霖[1]

踏入2020年代，我們有需要重溫百年前香港工運火紅的年代，與及中國革命高潮的事蹟，打響頭炮的是機工罷工（1920年），由香港華機會所發起，為期18天。結果工人得償所願，加薪40%。此工潮帶動了香港及國內工運的熱潮，紛紛成立新的工會及提出工人的訴求（參閱梁寶霖等合編，1982；李伯元等，1955；中國工運研究所編，2016）。

其後，歷史上發生幾件大事，包括中國共產黨成立（1921年），該黨以搞工運為主要目標之一；52天的香港海員大罷工（1922年）及16個月的省港大罷工（1925-1926年），均震驚中外，也顯示了中港工人階級團結一致的力量。當年的工運不單只侷限於經濟鬥爭，也涉及社會及政治層面（參閱陳明銶主編，1986；周奕等編，2017）。

1925年香港工會更積極參加組織全國性的「中華全國總工會」，該會不少骨幹來自香港工運界。可惜本地工運主力因1927年國共分裂及在港英雙重打壓下，不少積極分子被殺害，或坐牢，或被遞解出境，以致沉寂下來，轉而以會員福利為主

[1] 梁寶霖是香港社會保障學會會長。

的活動（參閱莫世祥著，2022；英格蘭等著，1984；中華全國總工會編，1995）。另一方面，在國際層面，出現過英國大罷工（1926），美國也有一連串紡織、煤礦及鐵路工潮，及亞洲各地的反資反殖的抗爭（參閱張友倫，1993；福斯特，1961；中華全國總工會編，1995；Harper, 2021）。

隨著戰後工人生活困苦，各工會爆發加薪潮，1947年5月華機會號召「十三科」機工罷工，雖爭取了部分勝利，但導致了工運分裂，失去了代表性地位。與此同時，其工會領導層也出現內鬥，與及其「親政府」形象，使工會人數不斷下降（Pauline Chow, 1985）。

香港製造業興起，此種行會形式的傳統工會，正如其他技藝工會一樣，其組織也開始隨時代式微，工運改為以產業工會及新興行業工會為主流。

這類百年老店，怎樣與時並進繼續發展，值得每個工會分子深思。這個情況，外國也曾出現，在非工業化及自動化下，過往強大的藍領工會，也一間接著一間倒下來，其遺下的旌旗或招牌只好擺在歷史博物館內，供後人憑吊。

本書主要搜集了當年華機會的歷史及罷工情況，加上華機會現在及過去領導人的講述，以便大家有進一步了解當年的工運。同時又分析其中工會內及外的路線爭議，反映工會運動複雜性的一面。

在歷史研究方面，本書尚有紀念工運歷史學者陳明銶的文章，陳博士作為一位專門研究華南及香港工運史的先行者，其治學精神很值得我們學習。近年來，喜見各工會及歷史研究者都先後出版了多本工運歷史的書刊，增加了我們的認識及興趣（如：物流從業員工會，2020；陸延著，2022）。

一場新的工會運動，正在香港生根發展，不會因種種不利因素而消失（香港社會保障學會，2022）。新任特首李家超的政綱，在勞工及社會保障方面均無突破，對勞工界長期關注的全民退保、標準工時、集體談判權等長期訴求，避而不談。輔助他的競選辦主任譚耀宗也遺忘他以前是勞工界出身，沒有從實地把勞工事務重點變為政綱（《明報》、《頭條日報》、「香港01」）。這些表述都反映出新自由主義下的發展迷思（楊潔編，2015；Chiu and Siu, 2022）。

由此看來，香港工運還有不少空間及議題，讓工人們繼續奮鬥，像1920年代一樣。

寫於2023年2月28日

參考資料：

1. 陳明銶主編，梁寶霖、梁寶龍、趙永佳、陸鳳娥合編：《香港與中國工運縱橫》（香港：香港基督教工業委員會，1986），香港公共圖書藏有，不外借。
2. 梁寶霖、梁寶龍、陳明銶、高彥頤合編：《香港與中國工運回顧》（香港：香港基督教工業委員會，1982）。
3. 周奕著：《香港工運史》（香港：利訊出版社，2009），香港公共圖書藏有，可外借。
4. 周奕、伍錫康、梁寶霖、梁寶龍等編：《粵港工人大融合——省港大罷工九十週年回顧論文集》（香港：香港社會保障學會、香港工運史研究小組，2017），香港公共圖書藏有，可外借。
5. 李伯元、任公坦撰述：《廣東機器工人奮鬥史》（台北：中國勞工福利出版社，1955），香港公共圖書藏有，不外借。
6. 〔英〕喬·英格蘭（Joe England）、約翰·里爾（John Rear）合著，劉進文、唐振彬譯：《香港的勞資關係與法律》（上海：上海翻譯出版公司，1984），香港公共圖書藏有，不外借。
7. 陸延著（Lu Yan）：《異途相逢——勞工運動與香港殖民統治1938-1958》（*Labor Activism and Colonial Governance in Hong Kong, 1938-1958*）（香港：中華書局（香港）有限公司，2022），香港公共圖書藏有，可外借。
8. 莫世祥著：《中共革命在香港1920-1949》（香港：中華書局（香港）有限公司，2022）。
9. 中華全國總工會編：《中華全國總工會七十年》（北京：工人出版社，1995）。
10. 張友倫、陸鏡生著：《美國工人運動史》（天津：天津人民出版社，1993）。
11. 〔美〕威廉·福斯特（William Zebulon Foster）著，李華、趙松、史仁合譯：《世界工會運動史綱》（北京：生活·讀書·新知三聯書店，

1961）。
12.楊潔編：《發展的怪獸——經濟成長幻夢下的反思與反抗》（吉隆坡：眾意媒體，2015）。
13.〈新工會審核塞車，工友無奈噤聲〉，載《頭條日報》2022年5月6日（香港）。
14.〈近3屆特首選舉候選人政綱比較〉載《明報》2022年4月30日（香港）。
15.中國工運研究所編：《新編中國工人運動史》（北京：中國工人出版社，2016）。
16.Pauline Chow,"*A Study of the Hong Kong Chinese Engineers' Institute, From 1909-1947*" (B. A. Thesis, History, University of Hong Kong 1985).
17.Tim Harper (2021): "*Underground Asia-Global Revolutionaries and the Assault on Empire," Penguin* (Dublin).
18.Stephen Chiu（趙永佳）and Kaxton Siu（蕭裕鈞）: "*Hong Kong Society-High-Definition Storiess beyond the Spectable of East-Meet-West, Palgrave Macmillan*" (Singapore 2022).
19.香港01研究所：〈特首選舉〉2022年4月29日。
20.香港社會保障學會編：《社會保障論文集》（香港：香港社會保障學會，2022）。

龍少爺導讀——
機器工人的故事

文／龍少爺[1]

本書主要是記述清末民初的香港工運史，因這段期間最為人知的大事是機器工人大罷工，故書名為《邁向現代工運第一炮》，副題「1920年機工罷工百年紀念文集」。

也許有人奇怪，為何本書有不少陳明銶資料，除了陳明銶是龍少[2]的老師外，更因我與陳明銶老師編《香港與中國工運縱橫》時，老師極重視研究「香港華人機器總工會」（以下簡稱華機會）。所以出版這書紀念1920年機工大罷工，也順道在此紀念我老師陳明銶教授。

工人從何而來！

要研究工人運動，首先要問：「工人從何來！」中共中央黨校國際工人運動史教材室編著之《國際工人運動史》指：「由於大機器工業的發展，產生了一個富有的資產階級和一個人數眾多的無產階級。」[3]中國工運史學者王永璽等主編的《簡明中國

1 梁寶龍的網誌用名。
2 梁寶龍自稱。
3 中央黨校國際工人運動史教材室編著：《國際工人運動史》（北京：中央黨校，1987），第4-5頁。

工會史》指：「中國工人階級和世界工人階級一樣，是資本主義大工業的產物。」[4]另一位中國工運史學者劉明逵在《中國工人運動史》說：「中國工人階級是在外國資本主義和帝國主義侵略下，中國由封建社會淪為半殖民地半封建社會的過程中，產生、發展起來的。」[5]

以上的論說基礎都是來自德國革命理論家馬克思（Karl Marx，1818-1883）在《共產黨宣言》（*Manifest der Kommunistischen Partei*）所說的：「資產階級不僅鍛造了置自己自身於死地的武器，同時它還造就了將運用這武器來反對它自己的人——現代的工人，即無產者。」[6]

龍少就此問一句：那之前封建時期的契約受傭勞動者，算不算是工人呢？我秉承老師陳明銶教導，認為他們都是工人。我們要留意以上馬克思的說話，「現代的工人，即無產者。」這一句。他沒有指明封建時期的契約受傭勞動者不是工人，馬克思其他的著作中也有這方面的論述。我們再看在不同的語言中，工人一詞所指也略有分別，和有多個不同用詞。在中文中與工人同意的廣義用詞有：勞工、契約工、傭工、職工、員工和職員等，廣義上都是指僱傭合約的勞動者，狹義上各略有不同。這問題是涉及意識形態，非三言兩語能說清，待有機會專文詳述深入討論。

或許有人簡單地看「現代的工人，即無產者」一句，更以中文字面來解釋「無產者」一詞，指工人是沒有財富的人，馬克思實質是指沒有生產材料和工具的勞動者。我們更要留意有「現代的工人」這一詞，有關這些名詞，馬克思也沒有詳加闡述。

---

4 王永璽等主編：《簡明中國工會史》（北京：中國工人，2005），第1頁。

5 劉明逵等主編：《中國工人運動史》第二卷（廣州：廣東人民，1998），第3頁。

6 馬克思著：〈共產黨宣言〉，載中央編譯局譯：《馬克思恩格斯選集》第一卷（北京：人民出版，1977），第257頁。

龍少認為工人不完全等同無產者，有僱傭關係的受薪者就是工人。以香港為例，如工人完全等同沒有財富的無產者，1970、1980年代的公務員工運就不是工人運動，因當時大部分參加者都是持有物業的業主。以全球來看，19世紀歐洲的建築工人，很多人在農村仍擁有田地或在家的農具，還持有建築用的工具，不是沒有生產工具者。1920年代香港海員大部分也有田地的，他們擁有生產資料和工具，但不是富有的農民，更因為當農民是過貧窮生活的人，所以轉行做海員，希望多賺取工資以改善生活。

再以赴美築鐵路華工為例，他們必須買一個屬於自己的生產工具——鐵鏟，才能開工，那他出售的就不單是自己的體力勞動，尚有使用生產工具鐵鏟。香港早年的西環苦力會有一把私人鐵鈎或擔挑。以現今香港為例，工廠內的現代工人也可能是業主，或持有股票或債券等財富。在現代工廠中，單從生產資料所屬來判斷階級成分，或者可以較易界定誰是工人階級。有關這方面的問題，留在另一場合再論述。

在教條主義影響下，1981年中國大陸人民出版社的《政治經濟學辭典》一書中，「失業」一詞的說明如下：「資本主義制度下所特有的一種社會現象，即無產階級中的一部分人喪失勞動機會，成為產業後備軍的組成部分。」[7]這解釋已暗中將資本主義制度下，簡單地把工人階級完全等同無產階級。如此錯誤就嚴重了，資本主義下中級或上級管理階層也會失業的，他們絕不可能是無產階級，也絕對不是工人階級，但同工人階級一樣同是被剝削了剩餘價值者。

港府對失業下的定義是：任何15歲或以上人士若：(a)在統

7 張彥等編著：《勞動與就業》（北京：社會學文獻，2002），第154頁。

計前七天內並無職位，且並沒有為賺取薪酬或利潤而工作；及(b)在統計前七天內可隨時工作；及(c)在統計前三十天內有尋找工作，便會被歸類作失業人士。

中國國家統計局採用國際勞工組織（ILO）有關就業、失業的統計標準，再根據法律規定，16歲及以上才可以合法工作，所以失業人口是指16週歲及以上，沒有工作但在三個月內積極尋找工作，如果有合適的工作能夠在兩週內開始工作的人。

按台灣官方定義：「失業者：參採國際勞工組織的規定，與世界各主要國家所公布的失業者定義相同，指在資料標準週內，年齡滿15歲，同時符合(1)『沒有工作』；(2)『隨時可以開始工作』；(3)『正在找工作或已經找工作正在等待結果』三項條件。另外，也包括等待恢復工作和已找到工作但還沒開始工作也還沒領到報酬的人。」

中港台都以國際勞工組織標準來定義失業，我們且看國際勞工標準，簡單地說：失業是指有就業能力且願就業的勞動人口無法就業。[8]

擴大來看，現今小部分工人已經是小資產階級，甚至可能是中產階級，為何龍少仍稱他們為工人呢？因他仍都是被剝削剩餘價值的人。所以美國馬思主義社會學家埃里克・歐林・賴特（Erik Olin Wright, 1947-2019）提出：「中產階級占據了階級結構中的矛盾位置」，他們處於資本家、工人和小資產階級之間多重生產關係的「矛盾階級位置」。[9]賴特更指專業人士是「半自主

[8] 劉祖雲著：《香港社會的弱勢群體及其社會支持》（北京：北京大學，2009），第63頁。有關失業理論詳細論述參閱庇古著：《就業與均衡》（北京：商務印書館，2017），第9-19頁。

[9] Erik Olin Wright著：《二十世紀階級論》（新北：群學出版，2022），第25頁。

自僱者」。[10]自僱人士正處在矛盾階級的位置上，他們既是資本家，又是工人。

我們且看日本和台灣如何界定誰是工人。日本學界對勞工下的定義是：藉提供精神上、體力性勞動給他人，以換取薪津報酬等勞動的「對價」，並藉此以維持生活者。因此，公務員是勞工，而自耕農、漁船主和小商店經營者不是勞工。[11]台灣《勞動基準法》規定勞工是，「受僱主僱用從事工作獲致工資者。」[12]綜合以上說法簡單來說，工人就是「憑勞動力換取工作報酬的人」。

我們再進一步看什麼是工人團體，現在依《職工會條例》登記的團體，包括勞資混合組織及純僱主組織。另一角度來看，香港現有的工會部分是由行會發展而來的，這些行會很多是勞資混合體，這些勞資混合體部分亦有為勞方發聲，如華機會。部分行會發展為純工人組織，今天香港工會會員也有不少是小老闆。還有一大批自僱人士，他們是工人嗎？部分自僱人士承包工作後，可能帶同一、兩名工人一同開工，薪金經由承包的自僱者發給工人，這位自僱者是不是工人呢？有待我們進一步討論。

機工

從以上闡述來套進機工身上，可能有人質疑機工的工人身分，進一步會質疑華機會是不是工會。綜合本書所記載機工的歷史故事來看，絕大部分機工都是受薪的勞動者，故是工人。而華

---

[10] 同上，第25-26頁。
[11] 吳全成著：《勞資關係》（台北：華立圖書，2006），第10頁。
[12] 同上，第10頁。

機會多番為受薪者說話，故可算是工會。

現代工業革命始於蒸汽機的使用，其標誌是輪船和火車，其製造者和駕馭者都是廣義上的是機器工人。機器是科學的產物，科學是社會生產力之一。

馬克思在《資本論》（*Das Kapital*）中指出，機器的資本主義提高了勞動強度，亦減輕了體力勞動，另一角度來看，勞動變得沒有意義。「機器是生產剩餘價值的手段」，[13]在手作坊中，工人利用工具生產商品，在工廠中工人則監控機器生產商品。或許我們可以理解機工是現代工廠產物。

華機會成立初期，機工分為十科，後來增加為十三科，如下：

機工十科：

1.電氣科； 2.砂模科； 3.鐵業科； 4.打銅科； 5.鍋爐科；
6.車床科； 7.打磨科； 8.木樣科； 9.繪圖科； 10.司機科。

機工十三科：

1.工程科； 2.測繪科； 3.鑄造科； 4.鎚鐵科； 5.製機科；
6.修勘科； 7.寫造科； 8.補釬科； 9.司機科； 10.打銅科；
11.電器科； 12.木樣科； 13.喉類科。

「廣東機器總工會」原來也將機工分為十科，後擴大增至二十科，分別是：

1.機制科； 2.修勘科； 3.電業科； 4.司機科； 5.製械科；

---

[13] 馬克思著：《資本論》第一卷（北京：人民出版，1975），第394頁。

6.鑄造科； 7.鍾鐵科； 8.化驗科； 9.測繪科； 10.工程科；
11.喉類科； 12.鍋造科； 13.補焊科； 14.磨鍍科； 15.機木科；
16.製機科； 17.簿記科； 18.藝徒科； 19.運輸科； 20.雜務科。[14]

他們竟把雜務和簿記都包括在內，而把藝徒分出一科，連無大關聯的簿記也加進去，就是要爭取更多會員，以人頭（指會員）顯示實力。[15]後減為十五科，如下：

1.工程科； 2.測繪科； 3.機木科； 4.鑄造科； 5.製機科；
6.鍾鐵科； 7.鍋造科； 8.修勘科； 9.喉類科； 10.電器科；
11.司機科； 12.化煉科； 13.補焊科； 14.磨鍍科； 15.機製科。

被刪去的是：雜務科、簿記科、運輸科和藝徒科等。[16]

機器工人又稱為金屬工人，據台灣行政院的行業分類法，金屬製品製造業是指：從事金屬刀具、手工具、金屬模具、金屬結構及建築組件、金屬容器、金屬加工處理及其他金屬製品製造之行業。不包括：金屬家具製造，貴金屬製品製造，產業用金屬機械設備維修和家用金屬製品維修等。

金屬是指具有光澤、有良好的導電性、導熱性與機械性能，並具有正的溫度電阻系數的物質。現在世界上有86種金屬。通常

[14] 廣州工人運動史研究委員會辦工室：《廣州工人運動簡史（初稿）》（廣州：1988），第174頁。廣州工人運動史研究委員會辦公室編：《廣州工人運動大事記1840-1992》（廣州：？），第70頁。李伯元等撰述：《廣東機器工人奮鬥史》（台北：勞工福利，1955），第170-172頁。

[15] 王永璽主編：《中國工會史》，第184頁。

[16] 陳衛民著：〈「南方工會」初探〉，載沈以行等主編：《中國工運史論》（瀋陽：遼寧人民，1996），第181頁。

人們把金屬分成兩大類，黑色金屬和有色金屬。

薪金與階級鬥爭

或許有人將薪金高低與階級鬥爭掛鈎，簡單化認為「愈窮愈革命」，言下之意是否高薪者不革命呢。但稱為「工人貴族」的機工，是高薪者，卻早在清末已經參加辛亥革命，組織自己的行業組織，先後於1920和1947年舉行兩次極具影響力的大罷工。而1920年的機工大罷工是一宗全球矚目事件，時值全球罷工潮，各國都注視港英如何解決這問題，這宗罷工亦極具廣泛影響性。

早在鴉片戰爭前，上海金屬加工業行會「菊社」已成立，會員來自無錫和寧波等地。1920年會員有四萬餘人，每天工作九小時。[17]

再看香港1970、1980年代的工潮，由收入較穩定的教師和護士揭開序幕，就是因為遭到不公平的對待，要討回自己應得的權益。近年，台灣和香港的空中服務員也曾因不公平和討回自己應得的權益，而發動多次罷工。而香港空中服務員更就社會公義，與政府對簿公堂。

我們將視線放在全遠東來看，機工的組織最早，也敢於鬥爭，因他們略懂文字，知道團結的重要性，也知自己是資本主義下被剝削勞動價值，故敢於鬥爭，爭取自己應有的利益。在本書中，我們得知香港和台灣機工的鬥爭極具影響性，說明有知識的工人明白組織工會的重要性，身體力行以團結爭取自己應有的權益。至此，龍少認為直接影響敢於鬥爭的是知識，知識是工人由

[17] 王永璽等主編：《簡明中國工會史》，第5頁。

自在階級進入自為階級的重要因素之一。

香港工運一直有濃烈政治氣味，親中共和親國民黨的工會一直有劇烈的爭鬥，華機會是親國民黨工會的一分子。國內的中央檔案館和廣東省檔案館合編了一套《廣東革命歷史文件彙（匯）集》，共有六十多冊，內有不少中共地下黨在香港活動的文件，中共的城市活動中，工運是重要的一環，故這套《歷史文件彙集》內有大量工運資料，談及機器工人的極多，不少是與華機會有關的。

歷史的發展有內因和外因，故龍少撰寫〈遠東機工工運〉擴闊視野，簡單記述1920年機工罷工的國際工運情況，以便大家能多角度看問題。從華機會的發展所見，國際政治對它有一定的影響。

工運第一炮篇

第一部分
社會新力量

香港華人機器總工會簡史

文／梁寶龍[1]

前言

機器工人和機械工人有何分別，在一般人心中是沒有任何分別的，都俗稱為「機器佬」。而機器和機械兩個名詞，深入來看是有分別的。

據「維基百科」的資料，機器英文是Machine，亦可譯作機械，是一件利用能量達到特定目的的工具、裝置或設備，一般用來變換或傳遞能量，物料和信息（資訊），執行機械運動。如馬達、蒸氣機和船的帆等。

按網上「國語辭典」，機器是機械器具的意思。由各種零件組成，可供運轉操控以節省人力，並使工作更為便利的裝置。

Machine劍橋網上英語字典解釋是：a piece of equipment with several moving parts that uses power to do a particular type of work，中文意譯是：具有多個活動部件的設備，它使用動力來完成特定類型的工作。

回看「維基百科」的資料，機械英文是mechanical，不會譯作機器。是由機械結構（機構）組成，機械結構再由機械元件

---

[1] 梁寶龍是香港工運史研究者。

（構件）組成，是機械工程學的一個基本概念。用以幫助人減少工作難度或節省力量的工具裝置。如家庭電器、汽車和農業用脫穀機等。

按網上「國語辭典」，機械一詞有多個意義，1.泛指各種機器、器械；2.巧詐多機心；3.比喻呆板、沒有變化。

mechanical 劍橋網上英語字典解釋是：operated by a machine, or connected with machines or their parts，中文意譯是：由機器操作，或與機器或其部件連接。

再參考1989年的《最新牛津高階英漢雙解詞典》，可以簡單地說兩者的關係，機器是輸出動力的工具，機械是以機器輸出的動力來進行生產的工具或設備。

香港機器工人

19世紀末，香港工廠多改用機械進行生產，需要機器工人日多。

香港最早的大型現代化工廠，是1852年紅磡的「于仁船塢」（Union Dock Company），1857年的「香港仔船塢」（Lamont and Hope Docks）和1863年的「黃埔船塢有限公司」（The Hong Kong and Whampoa Dock Company Limited）等。所謂現代化工廠是指使用機械為動力的工廠，並以機械作為主要生產工具。1880年代大型工廠，私營的有「太古糖廠」（Taikoo Sugar Refining Company），市政建設有「香港中華煤氣有限公司」（The Hong Kong and China Gas Company Limited）和供應港島電力的「香港電燈公司」（Hong Kong Electric Company）等。1876年，黃埔船塢常年僱用工人兩千五百名，1890年代，太古糖廠有兩千名工人。

至此，香港現代工人階級冒現，且不斷壯大。

華洋歧視

英國占領香港後，英國人高高在上且帶有歧視對待其他民族。被歧視的除了中國和印度等亞洲人外，歐洲的葡萄牙人也被歧視。大大小小的華洋衝突不斷發生，直至1970、1980年代始有較大改變。在港的印度人與英國人的衝突較少人談論，龍少也找不到情況嚴重的事件。我們且先回顧上世紀的華洋衝突中，如何令機工醒覺，領悟團結的重要性，開始組織工人團體，團結一致爭取自己應有的權益。

1905年11月6日，港島金鐘的海軍船塢（Admiralty，俗稱鐸吔）發生一宗中外人士毆鬥事件，電器華工以棍打傷歐洲人，歐洲人用腳踢華工不中，反而自己倒地受傷。法官判華工兩個月苦工監，41名電器工人聞判心中不滿，舉行罷工以示抗議。[2]

至1908年11月，太古船塢（Taikoo Dockyard & Engineering Company）打磨工人黃桂鴻遺失三個銅坯土，被廠方要求賠償，黃桂鴻以沒有責任負責保管來抗辯，遭歐洲人管工毆打並侮辱，甚至開除。黃桂鴻把這件事告知「群樂別墅」，群樂別墅發動工人集資聘請律師準備申訴。數日後，太古塢口部[3]歐洲人管工又打傷另一名打磨工人，觸發全廠機工站出來，以怠工進行抗爭。太古總工程師聞訊出來處理這一事件，首先釋出善意，向工人道歉，並以金錢撫卹受傷工人。[4]此事觸發全港島機工要組織工人

---

2 《華字日報》1905年1月月7日（香港）。

3 塢口部是船塢的一個部門，位於船塢入口，部分書會把船塢的塢字寫作「澳」字，清代的書籍亦會以澳字表示港口。

4 續編編委會編：《中國勞工運動史》（一）（台北：文化大學勞工研究所，1984

團體來維護自己應有權益，我們繼續看有關華洋歧視的問題，才回頭談機工組織工會一事。

群樂別墅的「別墅」一詞，與今天常見的「時鐘酒店」所用的「別墅」一詞完全不同。它是私人開設的工人宿舍，又稱為「散仔館」。海員的有「敘蘭別墅」和「談鴻別墅」等。早期香港工人的抗爭都與這些散仔館有關。[5]

黃桂鴻事件後，華洋衝突沒有停止，機工成立「華人機器總工會」（簡稱「華機會」）不久，於1909年9月，九龍船塢（即黃埔船塢）車房另外發生歐洲人管工侮辱華人，引致有罷工跡象事件，在華機會調停下，廠方出信道歉。1921年，華洋衝突更多，於3月在黃埔船塢，6月在電燈公司，8月在「庇利船廠」（Bailey's Shipyard）等，大部分都是因為歐洲人打華人所引發的，而華人開始組織起來，團結一致來反抗。這些事件能和平解決，因事件未惡化前，華機會代表工人與資方洽談，提早解決了問題，這就是集體談判的好處，是提早解決問題，不是擴大問題。工會在集體談判中起橋梁作用，使上情能下達，下情能上達，加強勞資雙方的了解，減少勞資糾紛的萌芽。

香港的華洋歧視遍全港各行各業，且看政府內部警員的情況，從工資上亦可見一二。

增訂版精裝），第一編第50-51頁。

[5] 姚穎嘉著：《群力勝天》（香港：三聯書店，2015），第081-118。周奕著：《香港工運史》（香港：利訊出版，2009），第001-016頁。

不同種族警員工資比較表			
年份	歐洲人	印度人	華人
1855	47.10鎊	20.00鎊	13.15鎊
1885	480港元	150港元	108港元
1915	100鎊	150港元	150港元

陳錦榮等著：《認識香港南亞少數族裔》（香港：中華書局，2016），第29頁。

從上表可見，19世紀時，歐洲人工資是印度人的一倍多，印度人的工資也比華人高，直至20世紀初，印度人工資與華人相同，與歐人仍有一段差距。

組織工人團體

1908年太古的打人事件，令港九機工領悟團結就是力量，決議組成團體來維護應有權益，商借群樂別墅為籌備處，主任為劉建東，把港九劃分五個區來進行籌組工作。港島有：西灣河負責人為張亮臣，灣仔負責人為劉堯階；九龍有：紅磡負責人為胡汝昌，深水埗負責人為劉信，油麻地負責人為何勝甫等。[6]

經過三個星期的籌組工作，共徵集了三千餘人入會，逐分區設立小組進行工作，港島有：皇后大道中的「群藝說學社」，西灣河的「群愛公論社」；九龍有：旺角的「群賢別墅」，紅磡的「澤民社」（「澤文社」）等。[7]

當時港英為防止三合會擾亂社會秩序，施行《第八號三合會

[6] 續編編委會編：《中國勞工運動史》（一），第一編第50-51頁。

[7] 續編編委會編：《中國勞工運動史》（一），第一編第50-51頁。馬超俊著：〈早期國民革命中的中國勞工運動〉，載編纂會編：《馬超俊先生言論選集》第一冊（台北：中國勞工福利，1967），第117頁。廣州工人運動史研究委員會辦工室：《廣州工人運動簡史（初稿）》（廣州：1988），第39頁。

和非法團體條例》，規定任何團體如其宗旨，與殖民地的治安與良好秩序不相容者，都是違法行為。在這法例下，所有工人組織都會容易成為非法團體，可能會遭取締。[8]因此機工要祕密進行組織工會工作，以避開法網。

各小組只能於每週例假，以郊遊及游泳方式為掩護，到較少人到的地方進行集會，交換意見，以免引起港英的注意，而節外生枝。如到當時北角東部七姊妹游泳棚，以游泳來掩飾開會。

各小組工作了一段時間，於1909年3月1日（宣統元年農曆三月初十）舉行大會，宣布「中國研機書塾」成立，通過會章和會費。[9]最後發展為「香港華人機器總工會」。

機工不是要成立工會嗎？為何成立了一間書塾呢？當時港英嚴格管理工人組織註冊成立，機工為了順利在華民政務司署（Secretariat for Chinese Affairs）註冊，得到政府內部公務員教路，繞過彎以教育團體來註冊，就會順利和容易成功。而機工計劃成立的工人組織，早有技術學習和交流的想法，故亦有書塾的意義，不是單純的蒙混過關。再看「港九船塢碼頭做木總會」，也是於1896年以「船藝工塾」註冊的；而印刷業釘裝工人於1910年成立的「學藝益群社」，都是以學術組織註冊成立。

在華機會的註冊問題上，我們可見及後港英頒布的團體條例，不是阻止成立團體，而是要監察團體，想預早知他們想做什麼，以防社會有亂事發生。

華機會創會會長為蔡盈，共同為創會而努力有：劉建東、張亮臣、劉堯階、胡汝昌、劉信、何勝甫、何耀星、第13屆會長顧伯壎、馬俊明、朱伯元、梁國華、第三屆會長凌粟橋、林谷和汪

---

[8] 英格蘭等著：《香港的勞資關係與法律》（上海：上海翻譯，1984），第131頁。
[9] 續編編委會編：《中國勞工運動史》（一），第一編第51頁。

敬之等。[10]

華機會成立時有會員三千餘人，於1911年註冊，會名是「香港中國機器研究總會」。1920年更名為「香港華人機器會」，1948年又改名為「香港華人機器總工會」。該會的宗旨與活動為：爭取僑工地位及謀求海內外機工大團結。先後發動機工爭取合理的加薪運動，為不平等待遇及無理壓迫作正義的呼籲等。經常救濟失業工友，撫恤貧苦死亡工友，舉辦機器研究班及工讀義學，並出版刊物，提高工人知識水準，賑濟國內災害，介紹工人就業等。

該會不間斷地出版《研機報》，現舊有的會刊全部入藏「香港大學」（The University of Hong Kong）圖書館。《研機報》於1911年出版，1932年改名為《華人機器會刊》，1933年又改名為《華人機器月刊》，1935年起簡化刊名為《華機月刊》。抗戰勝利後，於1946年復刊為《華機半月刊》，1948年起簡稱《華機》。該刊內容除會務報導外，內容包括機器科學理論、中外科學、發明家消息、勞工事務述評、海內外機工消息，以及小說等。[11]

《研機報》第1期於1911年9月20日出版，售價兩毫半，內地及外埠均有代理處。第一期有88頁，內有第二屆會長李幹庭的〈機器榨糖說〉，伯元的〈五金之——鐵〉，張芝圃和創會成員朱伯元的〈機器科中西目表〉，江伯元譯的〈初級數理〉和〈英國所立之例與考獲頭二等機師執照有關係者〉等文章，大部分與傳播知識有關。[12]

---

[10] 同上，第一編第51頁。

[11] 楊國雄：〈香港戰前的工會刊物〉，載魯言等著：《香港掌故》第9集（香港：廣角鏡出版，1985），第50頁。

[12] 同上，第50頁。

華機會不單只是香港機工組織，亦是全球華人機工組織。於1911年有會員3,121人，在香港的有2,627人，廣州有76人，石龍有28人，新加坡有48人，台灣有九人，上海有八人，廈門有五人，澳門有六人，漢口有四人，美國有九人，印尼（渣華[13]）有五人，泰國有四人，喇路埠有兩人，各輪船上76人等，會員遍布世界各地。[14]

到了1915年另有機工組織成立，中文名稱是「群藝」，英文名稱是「Kwan Ngai」，職業分類是中國工程師和裝配及調校工人（Chinese Engineers, Fitters and Turners）。[15]缺乏這組織的詳細資料。可能是上文的群藝說社。

1917年，歐洲籍工程師和造船商人組織了「Institution of Engineers and Ship Builders」（工程師和造船商協會），[16]也缺乏這組織的詳細資料。

對國內的影響

華機會成立兩、三個月後，廣東機工於1909年5月成立「廣東機器研究公會」，宗旨是：「結合團體，研究機器事業」，是勞資混合組織。1912年5月改名為「廣東機器研究總會」。[17]接著湖南、湖北、雲南、天津和上海等地廣東籍機工，也在當地成立工人團體，[18]頗具地方色彩。

[13] 渣華是印尼Jawa的音譯，或譯為爪哇。
[14] 楊國雄：〈香港戰前的工會刊物〉，第50頁。
[15] 《香港憲報》1917年，第198-205頁。
[16] 《香港憲報》1917年，第257頁。
[17] 廣州工人運動史研究委員會辦公室編：《廣州工人運動大事記》（廣州：1995），第17頁。
[18] 中國勞工運動史續編編委會編：《中國勞工運動史》（一），第一編第52頁。

經過一段時間後，華機會和廣東機器研究公會日漸脫離學術團體色彩，邁向工會組織形態，並聯絡呼籲海外華人機工成立工人團體，以求進一步成立全國機工組織。因而命會員馬華設計共用會徽，以浮凹地球為中心，附有測繪儀器，象徵機工遍地球，會旗的五色代表五金，海內外組織共同使用此會徽。

1920年華機會發動大罷工，爭取增加工資。[19]罷工勝利復工後，廣東機工也為爭權益而罷工。

這時，香港工人紛紛成立自己的組織：縫衣工人的「西福堂」、坭水工人的「廣義堂」、造船工人的「西義」、肉行工人的持平、茶居工人的「樂義」及「鴻泰」、內河船員的「西江外寓」、酒樓工人的「嘉賓」及「適燕」、沙藤工人的平樂、運輸工人的同德、船上起卸工人的集賢、米行工人的「同協堂」、洋衣工人的群研、海員的「陶義閣」及「聯興」、鋸木工人的「復和祥」及「協和祥」、排字工人的景源、藥片工人的意誠、白鐵工人的協助、生花工人的花卉、郵政工人的「詠閒社」、九龍船塢工人的義安及合義、打包木箱工人的平和、燕窩工人的鴻順、線香工人的「共和」、搭棚工人的「同敬堂」、魚翅工人的「華樂」、酸枝工人的「福慶堂」、鹹魚工人的「信義堂」和理髮工人的「煥然社」等。[20]

辛亥革命時，同盟會員中曾當機工的馬超俊（1886-1977），在香港安排海員中的機工，掩護運輸槍械和彈藥回內地，準備起義。這一工作由華機會成員湯熙主持，並得到打包碼頭工人的協助。[21]有關香港機工參加辛亥革命的事蹟，參閱本書

[19] 這宗罷工詳情見本書的〈1920年香港機工罷工史〉一文。
[20] 續編編纂委員會編：《中國勞工運動史》（三），第八編第230頁。
[21] 續編編纂委員會編：《中國勞工運動史》（一），第一編第53-59頁。

的〈辛亥革命與香港機工〉一文。

1920年，華機會領導全港機工罷工獲勝，但1922年海員大罷工時，華機會卻領頭號召各工會一齊調停罷工，這一行動等同為資本家和港英解決問題。在海員工會強烈譴責下，調停罷工活動未開展工作，就草草收場。[22]這次行動可見華機會在工會界中，有領頭地位，且得港英器重，[23]故有人指它是港英的御用工會。

省港大罷工

1925年6月初，全港工會醞釀省港大罷工，支持上海市民因五卅慘案而發起的抗爭。[24]

「中華全國總工會」代表到港發動省港大罷工，召開第一次工會頭目聯席會議，出席會議的工會有：電話、清潔、肉菜、「電車競進會」（今「香港電車職工會」）、「中華海員工業聯合總會」（今「香港海員工會」）和華機會等領袖。會上，中華全國總工會代表鄧中夏（1894-1933）講述了這次罷工的目的、意義和要求等，很多人都表示贊同，唯獨華機會會長韓文惠（？）沒有表態。

省港大罷工開始後，華機會沒有下達罷工令。其屬下的機器和船塢工人，卻不待命令下發自行加入罷工行列。有機工在九龍紅磡放置炸彈，製造恐怖氣氛，加速了部分機器工人相率離開工

---

[22] 梁寶龍編著：《爭尊嚴》（香港：社會保障學會等，2018），第120-126頁。

[23] 周蘿茜著：〈一九四九年前華機會與港府關係〉，載陳明銶主編：《中國與香港工運縱橫》（香港：基督教工業委員會，1986），第116-126頁。

[24] 周奕等編：《粵港工人大融合》（香港：社會保障學會等，2017）。盧權等著：《省港大罷工史》（廣州：廣東人民，1997）。陳乃鵬著：《五卅運動研究文集》（南京：南京大學，2014）。

作崗位。[25]

華機會一直沒有下令罷工，韓文惠甚至於6月27日召開緊急會議，聲言反對罷工。但中華全國總工會已派人加強做機工的工作，因此廣州發生英法人開槍射殺華人的沙基血案後，機工人人義憤填胸，自動罷工。

拖到7月1日，華資機器廠宣布停業，機工即離廠罷工。公用事業參加罷工的有：電車、港燈和煤氣等機工，人數約有五千人。繼華商機器廠罷工後，太古洋行（Swire Pacific Limited）和渣甸洋行（怡和洋行，Jardine, Matheson & Company Limited）等轄下機器廠工人也陸續罷工。[26]

機工罷工後，華機會會員中的中共黨員羅登賢（1905-1933）、羅珠（1902-1970）和彭松福（？）等另外樹立旗幟，在廣州成立「香港機工聯合會」，拉走了部分華機會會員。[27]

1926年4月6日，香港機工聯合會發表《為統一組織告金屬業工友書》。[28] 4月8日，羅登賢在廣州召開香港機器工人代表大會，發動十三科和華僑機器十科捐款，籌組「香港金屬業總工會」，冀能取代華機會。

4月10日，香港金屬業總工會第一次代表大會在廣州國民黨中央黨部禮堂開幕，出席代表有376人，選出執委15人。[29]金屬業工人範圍包括船主司機、修造鐵輪船、鐵業、船塢、電器、電車和汽車等行業中的機器工人。

---

[25] 續編編纂委員會編：《中國勞工運動史》（一），第二編第125頁。

[26] 續編編纂委員會編：《中國勞工運動史》（一），第二編第125頁。盧權等著：《省港大罷工史》，第122頁。

[27] 林鴻暖等著：〈羅登賢〉，載《中國工人運動的先驅》第四集（北京：工人出版，1985）第83頁。

[28] 同上，第83頁。

[29] 同上，第84頁。

香港金屬業總工會由「華僑機器十科」和香港機工聯合會聯合組成。香港金屬業總工會組成後，華僑機器十科和香港機工聯合會宣布取銷。

鄧中夏在香港金屬業總工會會刊創刊號上指出，華機會單純以職業來組織機器工人的方針，有如下錯誤：第一限制了自己，第二破壞了現有產業系統；應當打破職業觀念，樹立產業觀念。國民黨工人部祕書馮菊坡（1899-1957）提出了整頓機工工會的任務，認為華機會會員占全港機器工人的十分之一，要大力發展；內部有產業工會，也有職業工會，組織不統一；權力不集中；沒有基層組織。對於這些缺陷，必須抓住目前時機，大力加以整頓。

省港大罷工後，國民黨進行清黨並整理工會組織，派人到香港改組華機會，為華機會人所拒。[30]

支持抗日戰爭

1930年全球陷經濟危機，大量工人失業，中共香港市委的調查報告，指「目前最危險的，就是機器工人，最多失業就是機器工人，在失業人數，約八千幾至九千。有職業的工人工資比1925年以前減少百份之三十有多。整個香港失業工人有十多萬。」[31]

1936年10月，國內發起捐獻飛機並向蔣介石祝壽運動，由中國航空協會主其事，預計籌款一百萬元，如期籌足款項，購買了德國容克斯（Junkers）戰鬥機十架，編為中正中隊。香港各界人

30 《工商日報》1927年5月6日，（香港）。

31 〈中共香港市的報告——紅色五月中香港的工人鬥爭〉1930年6月，載中央檔案館等編：《廣東革命歷史文件彙集（中共廣州、香港、汕頭市委文件 1927-1932）》甲25卷（廣州：1983），第229頁。

士響應成立獻機祝壽會，組織沿門勸捐隊去勸捐。[32]

香港各工會成立「香港僑工購機慶祝蔣委員長壽辰委員會」，華機會為常務委員主席，常委有同德苦力工會、持平肉行工會、酒樓茶室總工會和內河輪船總工會等，募捐到兩萬四千多元，購買一架飛機命名為「香港僑工號」。[33]華機會被推為主席，可見其社會地位之高。

國民政府於1939年秋為適應戰時需要，成立「人才調劑協會」，招攬淪陷區工人到重慶工作。「中國國民黨港澳總支部」執委陳劍如（1893-1966）主持人才調劑協會華南事務，派幹部向華機會、「香港六河溝鐵工廠」招手，共同主持考選事宜，從七百餘人中選出三百餘名十科熟練機工，以集賢起落貨總工會何康（？-1971）為領隊，徒步分批北上，闖過日軍封鎖線到達重慶，由人才調劑協會分發到各兵工廠和鐵廠工作。[34]

抗日戰爭勝利後，香港重光百廢待興，通脹嚴重，市民生活困苦。1947年香港共有五十宗勞資糾紛，以華機會發動要求加薪罷工最受矚目。[35]

1946年的黃埔船塢工潮，華機會提出八小時工作制要求，當時工人每天正常工作是九小時，1946年1月17日，勞工處長鶴健士（Brian Charles Keith Hawkins，？）邀請海軍、黃埔和太古等三大船塢勞資雙方開會，商談工時和工資無結果，5月香港燈公司工人罷工，罷工15天勝利結束，工人獲加薪。[36]接著一系列抗爭後，船塢工人爭得八小時工作制，不少工會爭得生活津貼。

---

[32] 《華字日報》1936年10月2日。
[33] 《華字日報》1936年10月5日，第二張第三頁。
[34] 續編編纂委員會編：《中國勞工運動史》（二），第六編第83頁。
[35] 周奕著：《香港工運史簡篇》（香港：利訊出版，2013），第130頁。
[36] 同上，第52-56頁。

是年2月，華機會向勞工處發出第一次加薪呈文，勞工處覆文婉拒。4月，華機會向勞工處發出第二次加薪呈文，勞工處覆文說僱主拒絕加薪。7月，華機會向勞工處發出第三次加薪呈文，措施強硬。8月，華機會發出24小時最後通牒。[37]

8月15日，華機會下達罷工令，參加罷工人數達一萬餘人，占全港機工人數達九成。罷工前成立罷工委員會，以民主原則處理罷工事務。至9月11日，經七輪勞資談判，爭取到加薪一元，罷工堅持27天。[38]

罷工結束後，華機會出現分裂，船塢工人對華機會不滿，另立工會，[39]華機會走向沉寂。

近年情況

過了千禧年，華機會由沉寂再現活力，有批年輕人加入理事會，令暮氣沉沉的華機會重新出發，煥然一新，於2016年1月加入「港九勞工社團聯會」（簡稱勞聯），成為第92間成員會。加入勞聯後，因勞聯也有電器維修工會，工種與華機會的工友相近，大家一齊努力維護機電工友權益，並推動行業發展。

到了今天，展望前景新的抱負是：「延續先賢革命創新路之信念，團結勞工階層，維護勞動人民尊嚴，復興我中華富強，是青年理事必須堅持的方向。」

[37] 同上，第134頁。
[38] 同上，第135-140頁。
[39] 同上，第140-144頁。

1920年香港機工大罷工史

文／梁寶龍

前言

新文化運動旗手陳獨秀認為「機器工人比較先進，革命要發動和依靠他們，我們得設法在那裡做做試驗」。[1]他支持和協助上海機器工人組織工會。

中共早期領導人張太雷（1898-1927），在共產國際第三次代表大會上的報告中指：1920年香港機工罷工是「有特殊意義的罷工」，「工人表現出堅定性和無產階級團結精神。」[2]這話有小小問題，機器工人是工人貴族，不是無產階級的一分子，只能算是工人階級的一分子。

香港作家余非在《競進存愛　電車情懷——香港電車職工會百年史整理》一書，記述1920年機工罷工的小標題是〈由香港船塢華人機器技工於1920年拉開工運序幕〉，[3]即是指1920年機工罷工是香港1920年代工運的序幕，即是第一炮。我們且看下文了

[1] 譚天度著：〈回憶廣東的「五四」運動與共產主義小組的建成〉，載廣東省委黨史研究委員會辦公室等編：《「一大」前後的廣東黨組織》（廣州：1981），第143頁。唐寶林著：《陳獨秀全傳》（香港：中文大學，2011），第187頁。陳衛民著：〈「南方工會再探」——廣東機器工會剖析〉，載沈以行等主編：《中國工運史論》（瀋陽：遼寧人民，1996），第191頁。

[2] 張太雷著：〈致共產國際第三次代表大會的書面報告〉1921年6月10日，載姚維斗主編：《張太雷文集（續）》（南京：江蘇人民，1992），第23頁。

[3] 余非著：《競進存愛　電車情懷》（香港：中華書局，2020），第6頁。

解這宗罷工的重要性。

香港機工

進入20世紀，香港人口達三、四十萬人，工業投資金額增長，公用事業、船塢和市政等工人數量都大幅增加，「黃埔船塢有限公司」（九龍船塢，The Hong Kong and Whampoa Dock Company Limited）常年僱用的工人就有兩千五百人，在旺季時平均每天有多達四千餘人開工。[4] 1918年全港造船工人有一萬兩千人，1919年製煙業工人有四千餘人，並以女工為主；四大百貨公司「先施百貨」、「永安百貨」、「大新百貨」和「新新百貨」等開業，標誌現代工人階級的形成，及現代工運的開展。

到了1920年代，香港人口達六十萬人，工人有12萬餘，當中機器工人有三萬人，僱傭機工較多的工廠有：海軍船塢（Admiralty）有三千工人，黃埔船塢有四千餘工人，太古船塢（Taikoo Dockyard & Engineering Company）和「太古糖房」（Taikoo Sugar Refining Company）共約五千工人，紅磡庇利船廠（W. S. Bailey's & Co., Ltd.）有八百餘人，德昌機器廠有四百餘人；華商廣福祥機器廠有四百餘人，「廣協隆機器廠」有五百餘人等。[5]另據資料，1925年前，造船業工人不少於五萬人。[6]而香港工人總數

---

4 徐日彪著：《早期香港工人階級狀況》，載《暨南學梁報》哲社版1993年4月（廣州）。

5 梁鵬萬著：〈梁鵬關於香港各工會及工人概況的調查報告〉1923年10月24日，載中央檔案館等編：《廣東革命歷史文件彙集1922-1927》甲1卷（廣州：1982），第133-134頁。

6 盧權等著：《省港大罷工史》（廣州：廣東人民，1997），第16頁。

為25萬人。[7]以上廠的工人數不是全部都是機工，尚有搬運工人和雜工，但大部分是機工。

1906年，在抵制美貨和收回利權運動下，美加澳華僑紛紛回鄉投資，先將資金放在香港儲存，部分用在振興香港土木工程上。這時，在香港新開辦的大型工廠有：「南洋兄弟煙草股份有限公司」（Nanyang Brothers Tobacco Company Limited）、「廣生行化粧品公司」、「安樂汽水廠」（Connaught Aerated Water Company Limited）、「保心安藥廠」（Po Sum On Medicine Factory Limited）、「東亞織造廠」、「馬玉山糖果餅乾公司」、「利民興國織造公司」和「廣萬隆爆竹廠」等。另一方面，很多工廠開始轉以機械生產，因而對機工需求大增。

暴風雨前夕

第一次世界大戰後，香港物價高漲，但工資沒有相應增長，工人生活困苦。1918年全球大米供應緊張，國際米價上漲，日本因而爆發「米騷動」，引致全國動亂，工人暴動。至1919年7-8月，香港也因米價暴升爆發騷動，苦力肆出搶米。[8]

我們且看1918年「保良局」（Po Leung Kuk）的薪金表，和工人生活開支情況，約略了解這時工人生活如何困苦。

---

7 同上，第18頁。

8 梁寶龍著：〈國際工運下的1919年香港搶米騷動〉，載梁寶龍著：《汗血維城》（香港：中華書局，2017），第52-61頁。

1918年保良局職員月薪金表

職稱	每月薪金
司事	36元酬金
副司事	25元酬金
高級管事	25元酬金
教師	20元
把門	15元
高級訪事	15元
管事	12元
廚師	7元
女傭總管	7元
小使	4元5角
雜工	4元5角
女傭	4元5角
訪事	2元
清潔女工	2元5角

資料來源：魯言著：《六十年前的香港》，載魯言等著：《香港掌故》第2集（香港：廣角鏡，1979），第172-173頁，引保良局編：《徵信錄》。

1918年時，香港大米零售價為每擔六元六角，即每斤六分六仙，不足一角；柴每擔七角一仙，即每斤0.71仙。[9]

以當年保良局的廚師月薪有七元來看，每月買一擔米用去6.6元，其餘的衣食住行開支如何籌措呢？再看雜工月薪只有4.5元，每月薪金不能買一擔米。如此情況下，苦力怎能不去搶米呢！

這時，港英面對食物價格高漲，增加了公務員津貼和工資，以穩定人心。

1919年8月，香港生活費增加了四成，政府文員希望加薪三

[9] 魯言著：〈六十年前的香港〉，載魯言等著：《香港掌故》第2集（香港：廣角鏡出版，1979），第173頁。

成，而英殖民地馬來聯邦（Federated Malay States）政府文員，於兩年間共加薪四成，錫蘭（Ceylon，今斯里蘭卡Sri Lanka）政府文員近三年加薪九成。殖民地部批准港英文員薪金未滿二十元者，獲增加兩元津貼，以彌補米價增幅，但要符合以下條件：1.在本港聘用的職員；2.其薪金無匯水的補貼者；3.沒有政府免費房屋居住者，及不能領取租屋津貼者；4.不能享受以上一切津貼者。合資格者一律按其薪金總額加薪兩成，以前領取一成戰務津貼者，於8月1日一律取銷。[10]

其他工人就自己組織起爭取自己應得的權益，1919年9月，五十多間煤務苦力館，因米價上漲，要求增加工資。[11] 12月，「首飾研究同益社」要求資方（東家）平分工資，舉行罷工，東家請華民政務司（Secretary for Chinese Affairs）調停，華民政務司出告示，宣告東家行答允加薪三成，工人應即復工。華民政務司再傳勞方（西家）代表到署，限令即日開工。最後東家要求華民政務司規定工時，由早上8時至晚上11時則平分工值。[12]

1919年12月4日，中國內河的外籍海員及機師工會因船主拒絕加薪，議決同盟罷工。外籍海員罷工導致內河船停駛，如罷工日久，或會出現雞、鴨、魚、蛋和蔬菜等日常食物斷絕供港。在這一威脅下，外籍海員獲加薪勝利復工。[13]

1920年5月，電梯工人再罷工。[14]連串工人經濟鬥爭中，工人

---

10 《華字日報》1919年8月14日。

11 《華字日報》1919年9月2日。

12 《華字日報》1919年12月19、22日。

13 劉明逵編：〈1911-1921年中國工人罷工鬥爭和組織情況資料匯輯〉，載中華全國總工會中國工人運動史研究室編：《中國工運史料》第1-8期（北京：工人出版），第122頁。

14 盧權等編：《廣東早期工人運動歷史資料選編》（廣州：廣東人民，2015），第195頁。

階級日漸知道團結就是力量。

這時美國、英國、法國、日本和中國都有罷工發生，香港工人也開始站出來鬥爭討權益。

準備罷工

1914-1920年間的六年內，租金上升33.5%，食品上升25%，衣服上升10%，米價上升一倍。一名苦力為了償還債務被迫販賣三名女兒。1917年賣出第一名女兒得到八十元，1918年賣第二名女兒只得二十元，1919年賣第三名女兒僅有兩元，[15]可見貨幣貶值的嚴重程度。

剛經歷搶米風潮的香港，至1920年初，物價仍繼續高漲達50%。白米價格仍然高企，因此資方向華人機工發放1.5元的伙食津貼，但杯水車薪無濟於事，所以「華人機器會」（即今「香港華人機器總工會」，以下簡稱華機會）拒絕接受，且於1920年2月24日首次致函資方，要求增加工資四成，同時也呈報華民政務司，要求批准。[16]太古船塢召集全體工人宣布每月補助膳食津貼一元，請工人舉手表示贊同，但沒有一人舉手表示同意。[17]

由於絕大部資方沒有反應，華機會於3月19日第二次致函資方。黃埔、太古和海軍等三大船塢仍不理會，華機會乃於4月1日再向資方發出最後通牒，聲明如再不應允要求，「決於星期一

[15] 馬冠堯著：《車水馬龍》（香港：三聯書店，2016），第135頁。

[16] 雁聲著：〈中國勞動者第一次罷工勝利〉，載中共中央黨史資料徵集委員會編：《共產主義小組》（下）（北京：黨史資料，1987），第702、704頁。李伯元等著：《廣東機器工人奮鬥史》（台北：勞工福利，1955），第61頁。記者著：〈香港罷工記略〉，載中共中央黨史資料徵集委員會編：《共產主義小組》（下），第712頁。

[17] 雁聲著：〈中國勞動者第一次罷工勝利〉，第704頁。

（4月5日）全體罷工」。[18]此時工人派出代表要求港英調停。不久華機會法律顧問發律師信給資方，華機會連續四次向資方提出加薪要求，都被拒絕。

1920年代初，華機會由第13屆會長顏伯勳主持會務。這時會員有五千餘人，主要是黃埔船塢和港燈等機器工人。該會有四個工人俱樂部，分別是筲箕灣「興藝群」、灣仔「覺群」、銅鑼灣「勵群」和紅磡「醒群俱樂部」等。[19]這四個組織也獨立運作，一直至1950-1960年代。

顏伯勳是海軍船塢工人，且是武術師傅，門徒眾多，主要是機工。後來辭去海軍船塢工作，專職去教拳。[20]

面對談判工作，華機會選出陳耀南、創會成員汪敬之、陳耀倫（陳耀輪）和馮次廷等四人為工人代表，出面與資方交涉，並向華民政務司申訴。[21]

華機會決定罷工，但為了縮細打擊面，採取織造廠和南洋煙廠機工不罷工，以免這些行業女工因機工罷工而沒有工開，因而沒有收入影響生計。[22]

1920年時，機器工人日薪一元，月薪約有三十元，已較其他工人為高，故有「工人貴族」之稱。但一家三口每月的基本開支需要36-39元，所以亦入不敷支，而歐籍機器工人獲得兩至三成加薪，又有免費住宿福利，但華人機工的工資卻十年如一日，沒

[18] 同上，第704頁。盧權等著：《省港大罷工史》（廣州：廣東人民，1997），第36頁。梁寶龍著：〈香港機工大罷工（1920）〉，載梁寶霖等編：《香港與中國工運回顧》（香港：基督教工業委員會，1982），第22頁。

[19] 羅珠著：〈對罷工發動前後及鬥爭策略的回憶〉，載廣東省政協學習和文史資料委員會編：《廣東文史資料存稿選編》第3卷（廣州：廣東人民，2005），第109頁。

[20] 同上，第109-100頁。

[21] 雁聲著：〈中國勞動者第一次罷工勝利〉，第707頁。續編編委會編：《中國勞工運動史》（一）（台北：文化大學勞工研究所，1984增訂版精裝），第二編第140頁。

[22] 雁聲著：〈中國勞動者第一次罷工勝利〉，第705-706頁。記者著：〈香港罷工記略〉，第711-712頁。

有得到調整，自然令華工憤憤不平。[23]

當時《德臣西報》（*The China Mail*，直譯是《中國郵報》）報導稱：

「本港米糧太貴，工人苦有家室，而添一兒女者，嚋每月之費用，至少需39元。但每日所得工金平均計之，不滿一元；且復有星期日及公眾假期之休息，所以實難敷所出。又每遇廠中生意非暢盛時，則工人之退留無定，是以間有工人每月只得三星期之工值者，其難以接濟日用，益可想見。」

如此苦況下，歐籍工人也覺得機工的要求合理。[24]

我們以海員為例，看一看當時海員的家庭和個人生活經濟狀況，以加深了解機工生活情況。

1920年香港海員家庭每月開支表

單位：元

項目	支出
房租	6.00
白米	10.00
小菜	8.00
柴薪	1.00
衣服	1.50
教育費	8.00
雜用	1.00
社交應酬	0.50
總計	36.00

資料來源：劉明逵等主編：《中國工人階級歷史狀況》第一卷一冊（北京：中央黨校，1985），第450頁，引雁聲著：〈香港海員的勞動狀態〉，載《香江晨報》勞動節紀念增刊《勞動號》（香港：1920年），第18頁。

[23] 周奕著：《香港工運史簡編》（香港：利訊出版，2013），第11頁。
[24] 高馬可著：《香港簡史》（香港：蜂鳥出版，2021），第117頁。

1920年香港海員個人每月開支表

單位：元

項目	支出
衣服	3.00
行船館月費	1.50
往來舟車費	1.00
鞋襪	1.50
洗衣	1.00
行李搬運	0.50
零用	0.90
總計	9.40

資料來源：資料來源：劉明逵等主編：《中國工人階級歷史狀況》第一卷一冊，第450頁，引雁聲著：〈香港海員的勞動狀態〉，第18頁。

3月底，華民政務司夏理德（Edwin Richard Hallifax, 1874-1950）安排勞資雙方會面商談，仍無法打開局面。[25]這時船塢便提出加薪15%和每月1.5元的臨時買米津貼，希望能平息工潮。但這個方案只是把月薪提升至35元，仍不足以負擔每月36-39元的家庭開支，所以華機會繼續準備罷工行動。[26]

下令罷工

華機會尚未下令罷工，海軍船塢五百名機工於4月1日，首先發難罷工，其他廠機工立即響應。

海軍船塢位於今金鐘廊位置，是英國皇家海軍基地，其英文Admiralty是海軍部的意思，通稱金鐘，俗稱「鎅吔」，是造船廠

[25] 馬冠堯著：《車水馬龍》，第132頁。
[26] 蔡思行著：《香港史100件大事》上冊（香港：中華書局，2012），第222-223頁。

英文 dockyard 音譯。

4月2日，鑄造工人一千五百人罷工，並離港返廣州。至4月8日，返廣州的機工達五千餘人。[27]部分工人還帶同家眷，人數多達萬人，廣州的「中國機器總工會」（簡稱國機）借出，廣州河南濱江西路230號會所招待罷工工人食宿，華機會又臨時租用紫洞艇（酒宴用船）數十艘，靠在國機會所門前河面，供罷工工人用作食宿之所，並籌募罷工經費，全面支援罷工工人。

罷工返穗機工日多，初期廣州招待所不敷應用，便在空地搭建蓬屋，所需費用起初由廣州紳商捐助，另外通電海外各地機工團體援助。[28]

支持罷工出力最大的是籌建國機會所董事局，與「廣東機器工人維持會」，為方便共同援助罷工工人，設立總務、財政、交際、糾察、情報和翻譯等處，使罷工有秩序地進行；也為了衛生安全問題，廣州並設立勞工醫院，為工人治理傳染病和皮膚病。[29]廣東機工則每半月捐出一日工資來支持。

廣東華僑工業聯合會安排五十名罷工工人，寄居華僑工友會。新加坡和越南華僑亦表示支持，籌得七萬元。[30]廣州商人提供贊助外，並呼籲海外各機工團體襄助。

中國國民黨負責工運的馬超俊與廣東工運領袖黃煥庭（黃焜，？-1931）認為，今次大罷工備受世界關注，成敗會影響全國機工的前景，非香港一地機工的事，不容有失，呼籲全廣東工人支援。兩人更到上海找國民黨最高領袖孫中山商討。因為廣州當時由廣西軍人和政學系把持，孫中山避居上海，他叫馬超俊向

---

[27] 梁寶龍著：〈香港機工大罷工〉，第22頁。
[28] 周奕著：《香港工運史簡編》，第12頁。
[29] 續編編委會編：《中國勞工運動史》（一），第二編第141頁。
[30] 馬冠堯著：《車水馬龍》，第133頁。

正在上海的廣東商人募捐，得到上海「粵僑工界聯合會」、工業聯誼會、「南洋職工同志會」和「廣肇公所」等團體解囊相助，[31]共籌得七萬元作支持機工罷工之用。這是首次廣州非官方支持香港工人罷工，可算開了先河。而機工罷工後能在桂系盤踞的廣州立足，亦可見不同派系的人都支持機工罷工。

國機會所於1917年11月籌建，至1918年1月1日，國機會所香港董事分局成立，局長為凌粟橋，副局長為汪敬之，兩人都是華機會會員，三個月內籌得11萬元。[32] 1919年10月4日進行奠基禮時，由廣州政府外交部長伍廷芳撰寫序文。華機會原名為「中國機器研究總會」，也於此時改名為香港華人機器會，以免與中國機器總工會名稱有所混淆。[33]

伍廷芳是新會人，在馬來半島南部馬六甲（馬來文Melaka）出生，入讀香港「聖保羅書院」（St. Paul's College），後赴英留學，在倫敦大學學院（University College London）修法律，回港任大律師，是香港首位華人律師。先出任立法局議員，後轉到中國政壇發展。

罷工工人回廣州時值清明節，部分機工原是請假回鄉掃墓。清明過後，在罷工的影響下，便不打算回港開工。當時罷工工人回廣州，得到了廣州機器工會支持，更堅定了他們鬥爭信心。

4月5日，華機會才正式下令罷工，發放《罷工宣言》和《香港機器工人同業書》等傳單。是日罷工有太古、黃埔、海軍、和「青州英坭有限公司」（Green Island Cement Limited）、太古糖廠、中華火車糖局（China Sugar Refinery）、和麻纜公司等。海軍

[31] 續編編委會編：《中國勞工運動史》（一），第二編第140-141頁。
[32] 同上，第一編第99-101頁。
[33] 同上，第一編第131-132頁，序文全文刊於第一編第136頁。

船塢派人到廣州勸工人回港開工，沒有任何人回應。[34]

罷工機工採用一直以來的回鄉鬥爭方式，返回自己家鄉的家或投靠親友。罷工回鄉一直是早期港式罷工的特色，這樣就可以留在家鄉一段較長時間而不用回港，有利堅持長期鬥爭。今次罷工與以往不同的是，找國民黨協助，安排在廣州每日的食宿。

香港機器工人同業書[35]

敬達者：

港地米珠薪桂，生計困難，入不敷出；是以請求各大資本家，加增工金，藉資彌補，以舒貧困。舊歲去冬，請願四次，不料港資本家不允所求，全無體卹，並有侮辱同業之語。鄙等再四思維，寧願犧牲現在之職業，另謀生計，故有全數回省，集合在省之董事局，暫為棲身，靜待港局解決，務必堅持。倘有西人來省招人往港工作，望我親愛之同業，實行拒絕，以全我等之體面，則鄙等之厚望，亦同業之光也。耑此敬求，不勝哀懇，並叩大安。

香港機器同業全體叩

---

34 雁聲著：〈中國勞動者第一次罷工勝利〉，第706頁。

35 原來題目是〈香港工人同業書〉，為了易分別改為〈香港機器工人同業書〉。原文來自記者：〈香港罷工記略〉，載《新青年》第七卷第六號（上海：群益書社），第531頁。另見於馬冠堯著：《車水馬龍》，第133頁。及中共中央黨史資料徵集委員會編：《共產主義小組》（下）（北京：中共黨史資料，1987），第715頁。

罷工宣言

敬啟者：

同人等食力香江，久慚雌伏；頻年僕僕，依樣葫蘆，不謂運來百物奇昂，米珠薪桂，終年食力，入不敷支，困苦艱難，問天無語；廠主不情，諸多搪塞；哀求數次，總不加工，忍令沉淪，般般輕視，凡有血氣，莫不裂眦。同人等念及不入虎穴，焉得虎子，敢不死裡圖生。是以率合群儕，交相討論，僉謂非最後之解決，莫可以生存；非挺（鋌）而走險，則艱難越甚。是以停工，為勢所逼，非輕於嘗試也。茲已將次實行，見端開始。惟是同人眾庶，在在維持，結果如何、莫能妄斷。伏望同業諸君，惟念同胞，絲蓮耦（連藕）斷。仰懇瑤函攻錯，指時方針，俾以遵循，得依軌路。會常危難，訴哀哀。語語肝腸，字字血淚，臨書涕雪，不盡所言，盡此佈聞，敬候團妥不備。

闔港機器同業全體公叩[36]

罷工之宣言一

機器同業先生均鑒：

吾人苦苛例久矣，然憷於國弱，及團結不堅，故空自

[36] 記者著：〈香港罷工記略〉，見於馬冠堯著：《車水馬龍》，第133頁。及中共中央黨史資料徵集委員會編：《共產主義小組》（下）（北京：黨史資料，1987），第715頁。而雁聲著：〈中國勞動者第一次罷工勝利〉，第703-704頁也有此宣言，內容略有小小出入。

積憤，罔能發泄，而此中苦況，諒亦深知，惟比年以來，百物高昂，數米而炊，尤不易易，終歲所入，極難支持。求增薪金，在所應爾，不謂廠主不諒，視若牛馬，懇請加工，只補米價，僅四閱月，即已取銷，況兼按月克減，非常毒辣，言念及此，可為痛心。而是次求增，又施故智，一元五角，聊算加工，恃此刻苛，誰人不憤。躋吾儕於黑奴之列，視我輩若亡國之民，般般輕視，種種每（侮）辱，若不發奮，豈得為人，倘系唔嬲，是真涼（涼）血。凡我同業，應當振臂之一呼，若不人格爭存，則不宜生於人類矣。嗟嗟，事機迫矣，當急起而直追，此舉存亡，辱死不如餓死，公益便是私益，如有毅力，無堅不破，倘係同心，必竟全功，舉眾維持，光昌有日，幸毋氣餒，到底堅持，瀝血嘔心，和淚陳訴。諸維務矜鑒，不盡欲言。此告。[37]

罷工擴大

當時電車工人剛成立「香港電車競進會」（以下簡稱電車工會），委員有何耀全（1897-1927）和鎖春城（？）等。電車工會響應華機會的罷工行動，向資方提出增加工資，改善待遇的要求，也發動罷工，得到資方答應全部條件。[38]

電車工人以何哲民（？）等為代表，提出九項要求有：

1. 加薪32.5%；

2. 取消不上工要扣兩天工資的苛例；

[37] 雁聲著：〈中國勞動者第一次罷工勝利〉〉，第703頁。

[38] 余非著：《競進存愛　電車情懷》，第8、29頁。

3. 取消回廠後沒出車不給工資；
4. 年尾發三個星期花紅；
5. 工作超過八小時二十分當超時工作，一小時當兩小時計；
6. 年級加薪時，服務滿三年加兩元，五年加四元，十年加九元，如此類推，加至二十年止；
7. 在總站設兩名替工，以便司機和售票員有需要時替換；
8. 頭尾總站一名轉線撬路工，免除售票員雨天下車溼身之苦；
9. 非經勞資雙方代表決定，公司不得任意開除工人。[39]

4月6日，工人代表陳元威第二次到華民政務司署洽商，華民政務司答應調停。太古因工人罷工拆開水機，以致水高數尺，把塢內所有船浮起。灣仔杉排火藥廠因安全問題，工人雖罷工但不關掉抽風機。[40]

資方向罷工機工表示，願意增加時薪一角五分至三角不等，按工作崗位輕重而定。華民政務司找來三名未回鄉的華機會代表，傳達資方加薪新方案，並帶有恐嚇的提醒華機會代表，沒有工作的人不可以回港。[41]華民政務司要求華機會代表去廣州徵詢罷工工人意見。華機會到廣州與罷工工人磋商後，沒有取得任何結果。[42]

4月7日，罷工工人達五千五百人，電話公司工人也要求加薪，資方也回覆只給膳食津貼。[43]

九廣鐵路（Kowloon-Canton Railway）工人開始罷工。同時，

---

[39] 同上，第6、28頁。
[40] 雁聲著：〈中國勞動者第一次罷工勝利〉，第706頁。
[41] 馬冠堯著：《車水馬龍》，第132頁。
[42] 梁寶龍著：〈香港機工大罷工〉，第23頁。
[43] 雁聲著：〈中國勞動者第一次罷工勝利〉，第706頁。

罷工代表與華民政務司進行第三次商談復工條件。

4月8日後，參加罷工工人除船塢、機器廠工人外，還有供應港島電力的「香港電燈公司」（Hong Kong Electric Company，簡稱港燈）、「電車有限公司」（Hongkong Tramways Limited）和「香港中華煤氣有限公司」（The Hong Kong and China Gas Company Limited，簡稱煤氣）等公共事業機構，及香港製冰及冷藏有限公司（The Hong Kong Ice & Cold Storage Company Limited，俗稱牛奶凍房）和牛奶公司（Dairy Farm）和「青州英坭有限公司」等廠，共六千工人罷工。港燈工人罷工，港島陷入黑暗中。

4月9日，電話局兩百工人罷工，通訊斷絕，港英派出英軍接替罷工工人的工作崗位。由於機工專業性大，上崗的英軍未必能把工作做好，港英的行動失敗收場。[44]

4月10日，電車工人罷工，電車停駛，交通陷癱瘓。[45] 4月12日，香港電燈公司灣仔和北角廠機工參與罷工，港英派出工兵團和海軍到灣仔和北角電廠當值。華機會恐怕電廠罷工令情況失控，引致港英的強烈反彈，因而勸諭電廠工人回港復工。但這批工人堅持罷工，不願回港，並指廣州需要他們服務，且廣州生活費較香為低。[46]

4月13日，山頂纜車有限公司（Peak Tramways Company Limited）工人罷工，各船廠木工一律罷工。[47]

4月14日，負責九龍供電的「中華電力有限公司」（China Light & Power Company Syndicate）工人罷工，九龍也成黑暗世界，

---

44 梁寶龍著：〈香港機工大罷工〉，第23頁。
45 馬冠堯著：《車水馬龍》，第134。
46 蔡思行著：《香港史100件大事》上冊，第223-224頁。
47 梁寶龍著：〈香港機工大罷工〉，第23頁。雁聲著：〈中國勞動者第一次罷工勝利〉，第706頁，指纜車工人是4月11日罷工。

參加罷工工人達萬人。[48]

4月15日，打掃街道的潔淨工人也要求加薪，聲明如不答應便罷工。[49]

港英派人臨時接替罷工機工工作崗位，機工本身屬於高技術的工種，不容易由其他工人取代。臨時工人由於工作不熟練，以致經常發生事故。山頂纜車由英軍操作，發生牽引車輛的鐵纜卷曲事故。英坭廠的13個窰全部停頓。[50]

華民政務司面對罷工日漸擴大，與資方斡旋商議，資方提出分開各部門，分別各自談判，按各科工作的輕重，來衡量加薪金額，意圖令工人互相爭奪自己利益下，令原團結一致的工人分化。太古和黃埔答應每小時加薪9.5分，加班再加3-3.5分。工人認為與要求相差很大，不加理會，繼續團結一致罷工。[51] 1922年海員大罷工時，資方也提出將華資和外資分開處理，以分化海員，海員同樣堅決拒絕。

4月17日，勞資進行談判，工人代表將復工條件減為加薪35%，雙方條件仍相差很大，未能達成協議。[52]

這時，水務局（Waterworks Office，今稱水務署Water Supplies Department）機工亦於4月13日威脅加入罷工，但在華機會勸諭下暫不罷工。[53]此行動若成事實，將癱瘓全港食水供應。港英恐慌起來，要求罷工工人派代表談判，汪敬之、陳耀南和馮次廷等代

---

48 梁寶龍著：〈香港機工大罷工〉，第23頁。雁聲著：〈中國勞動者第一次罷工勝利〉，第706頁，指中電工人是4月13日罷工。

49 盧權等著：《省港大罷工史》，第36頁。

50 同上，第37頁。

51 梁寶龍著：〈香港機工大罷工〉，第22頁。續編編委會編：《中國勞工運動史》（一），第二編第149頁。

52 梁寶龍著：〈香港機工大罷工〉，第23頁。續編編委會編：《中國勞工運動史》（一），第二編第141-142頁。

53 同上，第23頁。雁聲著：〈中國勞動者第一次罷工勝利〉，第707頁。

表罷工工人前去談判。[54]

4月18日，華民政務司為解決罷工，邀請羅文錦律師出面斡旋，硬性規定不分科別一律加薪32.5%，即一元薪金者，加一元三角兩分五仙，得到勞資雙方同意，細則留待日後詳談，罷工宣布結束。[55]

享受加薪者包括學徒在內，但主管和月薪超過一百元者除外，他們加薪20%。[56]結果月薪三十元的工人加薪後每月有39.75元收入，[57]勉強可以應付家庭每月開支。

代表工人簽訂復工協議的為陳耀南、汪敬之、陳耀倫和馮次廷等四人，資方代表為「香港總商會」（The Hong Kong General Chamber of Commerce，俗稱西商會）石約翰，見證人為羅文錦。[58]

復工協議涉及的公司有：海軍船塢、軍部、水務局、工務局（Public Works Department，今工務司署）、九廣鐵路、港燈、中國日本電力、電話局、煤氣、電車、山頂纜車、牛奶公司、牛奶凍房、黃埔、太古、庇利船廠、深水埗大同船塢（位於今大角咀大同新邨）、青州英坭廠、歌頓公司、中環「香港大酒店」（Hongkong Hotel）、香港索纜公司、「屈臣氏」（Watson）、石油供應商「亞細亞火油公司」（Asiatic Petroleum Company）、「香港九龍碼頭及貨倉有限公司」（Hong Kong and Kowloon Wharf and Godown Company Limited，簡稱九龍倉）、積奇公司、

---

54 雁聲著：〈中國勞動者第一次罷工勝利〉，第707頁。
55 同上，第707-709頁。
56 馬冠堯著：《車水馬龍》，第136頁。
57 蔡思行著：《香港史100件大事》上冊，第224頁。
58 續編編委會編：《中國勞工運動史》（一），第二編第141-142頁。記者著：〈香港罷工記略〉，第714頁，指僱主代表是約翰斯同。雁聲著：〈中國勞動者第一次罷工勝利〉，第707頁，指僱主代表是怡和洋行的贊臣。這些資料有待核實。

太古糖廠和中華火車糖局等26間公司。[59]

4月19日，工人開始復工。[60]

影響

罷工後，香港工會運動進入現代化，現代工會紛紛成立，舊式封建行會被摒棄。數月內，香港先後湧現120間新成立的行業組織，其中81間是由工人自己組織的現代工會，如：「中華海員工業聯合總會」（今「香港海員工會」）、「海陸群益工會」、「木匠工會」（今「港九木匠總工會」）、「摩托車研究總工會」（今「汽車交通運輸業總工會」）等。尚有造船，英坭、木箱，煤炭和飲食業等工會。

這次罷工成功，鼓舞了工人敢於抗爭，各工會紛紛提出加薪和改善待遇要求。接著爆發另一影響深遠的1922年海員大罷工，還有規模較小的建築業工潮。搭棚同敬堂工會要求加薪45%罷工，雙方達成共識，棚工加薪45%。1923年僑港樓廠建造木業工會工人要求加薪15%，雙方達成共識簽訂協議，工潮平息。[61]

連串組織工會和罷工活動，反映機工罷工推動了工人運動的發展，工人的社會意識已經提高。廣東的工運也如此受影響，廣州機工亦罷工三天，得到加薪20-50%，進而影響全國各鐵路工人，成立工會進行抗爭，發展為全國第一次工運高潮。國民黨和中國共產黨藉此高潮擴大黨組織，擴大和深化工運。有關這方面影響詳情參閱本書〈遠東機工工運〉一文。

---

59 馬冠堯著：《車水馬龍》，第136頁。

60 梁寶龍著：〈香港機工大罷工（1920）〉，第23頁。續編編委會編：《中國勞工運動史》（一），第二編第141-142頁。

61 何佩然著：《築景思城》（香港：商務印書館，2010），第111頁。

從廣州成立工會的數量變化，也可見機工大罷工對廣州工運的影響。1919年，廣州有工會26間，至1920年增至一百間，1921年再增至130間，1922年，立案註冊的有93間。[62]

結論

雁聲在〈中國勞動者第一次罷工勝利〉指罷工勝利的主因是：工人敢犧牲和奮鬥，再加以細分析有：1.毅力；2.團結；3.互助；4.秩序；5.道德等。[63]

毅力表現在罷工初期，資方誤以為工人缺乏資金，罷工不能持久，但跌眼鏡了，滿地是玻璃碎。罷工得以堅持是得到同鄉的全力支持，是互助。這次罷工開拓了香港工人罷工離港返穗、得到招待食宿的先例。接著1922年的海員大罷工和1925年的省港大罷工，都是遵循這個模式來進行並有所發展，從此可見中港緊密關係的重要性。所謂道德是織造廠和捲煙廠機工不罷工，以免影響他人的生計。

盧權等著的《省港大罷工史》指1920年機工罷工，「具有反抗外國資本帝國主義的政治意義。」[64]接著的海員大罷工也有如此意義，到了1925年的省港大罷工，更是直接向帝國主義挑戰的政治罷工。

團結一致會有巨大力量，進一步來看，各行各業工人唇齒相依，遠景是各業工人大團結。

---

[62] 陳衛民著：〈「南方工會」初探〉，載沈以行等主編：《中國工運史論》，第177-178頁。

[63] 雁聲著：〈中國勞動者第一次罷工勝利〉，第709-710頁。

[64] 盧權等著：《省港大罷工史》，第37頁。

機工元老——
馬超俊

文／梁寶龍

前言

在工運史上，中共有鄧中夏（1894-1933），國民黨有馬超俊（1886-1977），從衣著上表面來看，鄧中夏在北京初涉工運時，經常穿「長衫」，完全是當時文人的打扮。馬超俊則穿勞動者服裝「短打」，這是當時工人階級的打扮。短打是以麻製成的上衣和褲，長衫是指以中式男裝長袍，以棉或更好的衣料製成。這是1920年代時，國共兩黨工運幹部常見的現象。後來鄧中夏也改穿短打，馬超俊改穿西服。鄧中夏是學生出身，馬超俊是工人出身，這對兩人的衣著有極大影響。而兩人相同點是各寫有中國工運史，亦是重要的歷史著作。

台山的窮苦人

馬超俊，字星樵，廣東省台山市（時稱新寧縣）白沙鎮南朗豬頭咀村人，於1886年9月20月出生在一個窮苦家庭。曾祖父是商人，伯父曾參加太平天國運動，在江西戰死。叔父和父親都赴美國西部做礦工。叔父更死在美國，父親則回鄉三次，最後一次因胃潰瘍不治而身亡，時年46歲。[1]

台山有很多人赴美工作，影響所及，美國華人的姓氏英文不少是台山話的音譯。而馬超俊和兄長也曾出洋工作。

據資料，台山每年從美洲收到的僑匯有一千萬美元，而當時全國的僑匯總額為八千多萬元，即台山一地已占八分之一。至1930年高達三千萬美元，而當時全國的僑匯總額為九千五百萬元，即占有近三分之一，[2]可見台山人在美洲數量的龐大。

馬家原有六位孩子，有兩位幼殤，馬超俊是最年幼的一位，上有兩位姊姊及兄長馬渠俊。母親是黃氏（1876-1942）率子女四人寄居父親家中，馬超俊一家姊弟四人幫人耕作以賺取生活費。[3]

為了生活，馬超俊大姊16歲已經嫁人，二姊18歲也嫁人。馬渠俊八歲入私塾啟蒙，15歲赴加拿大，以讀書為名去工作。黃氏以三百元出售耕地供馬渠俊成行，至此家中無資產，[4]成為無產階級一分子。

馬超俊亦是八歲入私塾啟蒙，十歲因家境惡劣退學，轉到新會為打鐵工匠拉風箱討生活。直至馬渠俊寄錢回鄉，馬超俊於11歲再入學讀書。冬季假期時，則繼續幫人拉風箱賺錢，第一年有一吊錢工資，第二年有兩吊錢。過農曆年前，再另以販賣賺取學費至畢業。[5]可見當時中國貧窮情況嚴重，因而導致童工泛濫。

---

1 馬超俊著：〈先母黃太夫人行述〉，載編纂會編：《馬超俊先生言論選集》第四冊（台北：勞工福利，1967），第9頁。馬超俊等口述：《馬超俊、傅秉常口述自傳》（北京：大百科全書，2009），第1頁。

2 台山市革命老區發展史編委會編：《台山市革命老區發展史》（廣州：廣東人民，2020），第056頁。

3 馬超俊著：〈先母黃太夫人行述〉，第9頁。馬超俊等口述：《馬超俊、傅秉常口述自傳》，第1頁。

4 馬超俊著：〈先母黃太夫人行述〉，第10頁。

5 同上。馬超俊等口述：《馬超俊、傅秉常口述自傳》，第2-3頁。

中國外交家傅秉常和中共黨主席毛澤東也是八歲入私塾，反袁稱帝主力人物蔡鍔則是六歲入私塾。[6]孫中山入私塾時已經十歲。[7]中華民國開國元勳黃興則早至五歲跟隨父親讀《論語》，習書法。[8]現香港入讀小一年齡是六歲，世界各地略同，三歲可以入幼稚園。

當時中國人入學時年紀較大，家境較富裕的毛澤東童年也有做放牛的工作，孫中山也是如此。[9]這是一般中國農村孩童的生活情況。

1900年冬馬超俊14歲，經親戚介紹去香港黃埔船塢和馬宏記機器廠做茶房。馬宏記是修造船舶工程的華資工廠，規模很大，內有十數個部門。不久，馬超俊轉當學徒，學習翻砂技術。當時大部分工人每晚收工多數去茶樓或賭檔消閒，或上妓院玩樂，只有小部分人會去進修。因此所謂熟練工人，只會按圖工作，對機器原理掌握有限。馬超俊則於晚上到港島中環閣麟街少年學社進修，補習中英文，學費一元。少年學社是與洪門有關聯的組織之一，與革命團體「興中會」有聯繫。故課程除中英文外，尚有中外革命歷史和理論，有時還請革命小說家黃世仲等作專題講演，令馬超俊知識大進，且結識不少興中會成員，接納了革命思想。[10]

少年學社主持人是黃世仲，他熟悉太平天國的故事，[11]著有《洪秀全演義》。黃世仲是廣東番禺人，曾在吉隆坡賭場做書

---

6 謝本書著：《蔡鍔》（北京：團結出版，2011），第203頁。

7 鄭大華等著：《孫中山》（北京：團結出版，2011），第12、205頁。

8 蕭致治著：《黃興》（北京：團結出版，2011），第249頁。

9 鄭大華等著：《孫中山》，第8頁。

10 馬超俊等口述：《馬超俊、傅秉常口述自傳》，第5-6頁。續編編纂會編：《中國勞工運動史》（一）（台北：文化大學勞工研究所，1984精裝增訂版），第一編第48頁。

11 馬超俊等口述：《馬超俊、傅秉常口述自傳》，第5頁。

記，當地華僑各工界以其能舞文弄墨，十分禮重他。黃世仲早年傾向維新派，投稿新加坡《天南新報》，值興中會領袖尢烈在南洋工界組織「中和堂」，兩人因而相識，轉而傾向民族主義，投身革命。及後到香港《中國日報》當記者，1907年創辦《廣東白話報》。[12]

馬超俊、黃世仲和國父孫中山等三人，除了同是反清革命分子外，另一共同點，就是受太平國的洪楊故事啟發參加革命。洪秀全是廣東人，當時廣東很多人都曾參加太平軍，故流傳很多洪楊反清故事，三人童年都在聽長輩說洪楊故事長大，故早有反清之心。

馬超俊略通英文後，對機器圖表漸能了解，在技術方面，所學翻砂、車工和磨工等三個工種，原定要四年才滿師，馬超俊只需兩年就完全學好滿師。亦因工作上各方面表現良好，及與人相處融洽，進廠時月薪只有一元，半年內加至五元，一年後加至12元。[13]

香港學者黃振威的《傅秉常傳》，指馬超俊這段時間，在香港「南華中學」畢業，資料來自《現代中華民國滿州國人名鑑》和《華僑日報》1977年9月20日。[14]按資料，在香港的南華中學創校於1946年，今名「天主教南華中學」（Nam Wah Catholic Secondary School），黃振威的資料有誤。翻查《華僑日報》1977年9月20日，沒有指馬超俊入讀南華中學。《現代中華民國滿州國人名鑑》則找不到來翻查核對。

1902年，馬超俊得大姊夫援助，取得美國三藩市（俗稱舊金

---

[12] 馮自由著：《革命逸史》上冊（北京：新星出版，2009），第221-224頁。
[13] 馬超俊等口述：《馬超俊、傅秉常口述自傳》，第5-6頁。
[14] 黃振威著：《傅秉常傳》（香港：中華書局，2018），第129頁。

山）一間商鋪僱用的工作護照出洋。入境時，美方懷疑護照有問題，被扣押在海關木屋65日，旅美親人聘請律師力爭才能順利入境。因此馬超俊悲憤填膺，指天發誓要雪此恥辱。[15]此後的馬超俊雖有反帝國主義思想，但未見有任何針對美國的言論，也沒有激烈反美行為。

國父孫中山先生也有此遭遇，於1896年4月6日到達三藩市入境時，被關在碼頭附近的木屋，幸由當地「致公堂」[16]總堂盟長黃三德以五百元擔保，才順利入境，再聘請律師提出申訴，才可以順利入境。[17]

馬超俊入境後，先在寶榮昌和盛號工作。在族人馬議俊和馬錦興介紹下，進入三藩市庇利魯機器製造廠工作。[18]

刊於《中國勞工運動史》的〈工運先進馬超俊先生病逝〉。和治喪委員會的〈馬星樵（超俊）先生行述〉兩文，指庇利魯機器製造廠是私立機器專門學校，[19]並稱馬超俊在此肄業。馬超俊的口述自傳和《中國勞工運動史》（一）都指是進該廠工作，為何治喪委員會有此說法呢？或許是以讀書來抬高他的身價。

進廠約三個月，黃三德叫馬超俊到該堂見面。他覺得黃三德也是台山人，分屬同鄉，且幫會勢力很大不能得罪，而自己在香港已結識了幫會中人，可以應對一切的，於是輕鬆赴會。見面後，他加入了致公堂，兼任該堂的《大同日報》記者，及教會的

---

15 馬超俊等口述：《馬超俊、傅秉常口述自傳》，第6頁。

16 有關美國致公堂資料參閱陸國燊著：《孫中山與美洲華僑》（香港：商務印書館，2019）。黎全恩著：《洪門及加拿大洪門史論》（香港：商務印書館，2015），第86-101頁。

17 陸國燊著：《孫中山與美洲華僑》，第106-107頁。

18 馬超俊等口述：《馬超俊、傅秉常口述自傳》，第6-7頁。續編編纂委員會編：《中國勞工運動史》（一），第一編第48頁。

19 馬超俊治喪會著：〈馬星樵（超俊）先生行述〉，載續編編纂會編：《中國勞工運動史》（四），第十編第624-625頁。

《世界日報》記者。[20]

當時加入幫會是普遍現象，孫中山和維新派的梁啟超也加入了，是時夏威夷華人有六、七成是幫會分子。[21]

再看1847年的香港，估計三合會分子多達1.5-2萬人，當年香港華人有2.2萬餘人，即是約有四分之三華人男子是三合會成員。差不多所有苦力館都是三合會的聚會地點，甚至港英機構「工務局」、「船政廳」、「華民政務司署」和「高等法院」等的僱員以及華籍警員中，都有三合會成員。[22]

幹革命

1905年秋，18歲的馬超俊轉去日本入「明治大學」修讀政治經濟科，並拜會孫中山，提出要求參加革命，進一步加入「中國同盟會」。[23]

另有資料指1905年5月，馬超俊追隨孫中山赴日本。按龍少[24]所得資料，孫中山是1904年4月第二次到三藩市後轉去紐約，12月去英國，[25]而馬超俊是1905年直接赴日的，隨孫中山赴日之說有誤。

1906年2月，孫中山派馬超俊攜萬元回香港活動，在低層工

---

20 馬超俊等口述：《馬超俊、傅秉常口述自傳》，第7-8頁。

21 楊照著：《不一樣的中國史》13（台北：遠流出版，2021），第144頁。

22 梁寶龍著：〈十九紀三合會與香港工人〉，載梁寶龍著：《汗血維城》（香港：中華書局，2017），第33頁。余繩武等主編：《十九世紀的香港》，（香港：麒麟書業，2007第三版），第375-356頁。魯言：《清末民初香港三合會活動史話》，載魯言等著：《香港掌故》第10集（香港：廣角鏡，1996再版），第14頁。

23 馬超俊著：〈先母黃太夫人行述〉，第10頁。續編編纂會編：《中國勞工運動史》（一），第一編第48頁。

24 筆者自稱。

25 陸國燊著：《孫中山與美洲華僑》，第112頁。

人中進行革命宣傳。馬超俊在香港有點成績後潛回廣州，在廣州先找相識的黃煥庭（黃焜，1866-1931）和陳桃川兩人，因而與廣州機工取得聯絡，宣傳革命。再去漢口「揚子機器廠」找粵籍機工劉伯持和周忠兩人，介紹他進入漢陽兵工廠當技工，結識工頭陳鐵如、黃惠良和鄧漢興等九人。完成有關工作後轉去上海「江南機器製造局」，工作了三個月再回廣州。再經黃煥庭介紹進入「石井兵工廠」，結識工頭蔡英、章國金和章國籌等數十人，誘導他們成為革命分子，祕密集會宣傳革命方略。工作有成後，離開石井兵工廠，來往穗、港和澳門聯絡各業工人，進行革命工作，更順利聯繫上河南贛縣兵工廠工人。[26]馬超俊這一連串活動，地點都是兵工廠或製造軍械的工廠，或許是為日後革命，儲備一批懂製造槍械的人材。

馬超俊除憑廣東鄉誼關係順利開展以上工作，他的機器工藝知識也是重要的。黃煥庭日後是廣州工運重要領袖，陳鐵如於武昌起義後，一度與馬超俊共同守衛漢陽兵工廠。

此後，馬超俊以研究機械製造的名義，先後在香港參與創辦「研機書塾」和「廣東機器研究公會」，作為革命派的據點。此外，馬超俊在革命派舉行起義之際，負責提供武器。[27]日後這兩個組織發展為具有工會性質的團體。研機書塾後發展為今天的「香港華人機器總工會」。

1907年12月，馬超俊參加鎮南關起義，兩度被捕後，在香港開辦「中興公司」，以掩護革命黨人，聯絡集會祕密活動。有關中興公司的詳情參閱本書的〈辛亥革命與香港機工〉一文。

---

[26] 馬超俊等口述：《馬超俊、傅秉常口述自傳》，第10-11頁。續編編纂會編：《中國勞工運動史》（一），第一編第49-50頁。

[27] 蔡逢甲著：〈工運祖師爺馬超俊〉，載《香港勞工月刊》第5期（香港：港九工團聯合總會，1975年6月28日），第31頁。

黃花崗起義時，馬超俊等攻入兩廣總督府內，負傷回港。[28]

1911年10月武昌爆發起義，馬超俊在上海率領海員組織「廣東華僑敢死隊」，前赴武漢，堅守漢陽兵工廠，與清軍苦戰八個日夜，彈盡援絕，才率殘部撤回武昌。（以上有關辛亥革命內容詳細闡述，參閱本書的〈辛亥革命與香港機工〉一文）。

中華民國成立後，馬超俊一度任湖北軍政府都督黎元洪的都督府顧問，月薪兩百元。之後，袁世凱準備稱帝，共和元勛張振武和方維在北京被殺，馬超俊涉案被捕入獄八個月。孫中山託革命中人伍廷芳、溫宗堯和吳稚暉等聯名具保，終於獲釋。[29]

在反廣東都督龍濟光的運動後，馬超俊於1915年流亡日本，[30]加入設在近京都的滋賀縣東部八日市飛行學校，學習駕駛飛機。1916年，中華革命軍東北軍總司令居正在山東起兵討袁，馬超俊奉命率華僑飛行隊參戰，6月並親自駕飛機到濟南上空投彈。[31]

武昌起義前，芝加哥同盟會員梅培提議組織飛機隊，籌款購買寇蒂斯（Curtis）單翼飛機六架，並僱用美國飛機工程師威爾霍斯（Wilcox）一年，工資一萬美元，及華裔工程師助手李綺庵和余X等。但威爾霍斯只是工程師不是飛機師，只好另找華裔飛機師譚根回國。飛機運到南京後，譚根因出境手續問題未能即時離美去中國，沒有飛行知識的「中華革命黨」人朱卓文竟登機試

[28] 馬超俊著：〈我參加辛亥革命的經過〉，載編纂會編：《馬超俊先生言論選集》第四冊（台北：勞工福利，1967），第197頁。

[29] 馬超俊口述：《馬超俊先生訪問紀錄》（台北：中央研究院近代史研究所，1992），第2頁。

[30] 馬超俊等口述：《馬超俊、傅秉常口述自傳》，第22頁。續編編纂會編：《中國勞工運動史》（一），第一編第86頁。

[31] 馬超俊等口述：《馬超俊、傅秉常口述自傳》，第22-23頁。續編編纂會編：《中國勞工運動史》（一），第一編第97頁。

飛，失敗使飛機受到損壞，變成廢物一堆，革命黨得物無所用。直至1915-1916年間始有飛機師回國，並需要再購飛機回國。[32]

1917年反袁運動結束，馬超俊轉赴北平為籌設民間航空學校，進行募集資金。但因張勳復辟而未能實現。7月，馬超俊南下廣州，參加護法運動，負責全國工運。向孫中山提出工運工作八項原則：1.扶植工會組織；2.制定標準工時；3.提議增加工資；4.倡導工人福利；5.培植工人教育；6.培養政治認識；7.確認勞資合作；8.協助罷工運動。[33]當時中國人已注意標準工時的需要，可惜時至今日，過勞死不時發生，標準工時何時能澈底落實？

1918年初，廣東督軍莫榮新拘捕馬超俊入獄，罪名是鼓動工人，坐牢百多日。[34]

1920年6月，馬超俊由上海回廣州，出任廣東東路第一路游擊司令，驅逐桂系。[35] 11月，陳炯明率部打回廣州，驅逐滇桂軍閥，孫中山重組軍政府，頒布《內政方針》，內容包括有保護勞工，謀進工人生計，提倡工會等，及廢除《暫行新刑律》，更於1922年頒布《工會條例》。[36]

網上有資料指馬超俊：1920年返回香港，旋即策動香港機器工人大罷工。1922年又參與策動香港海員大罷工。

按《馬超俊先生訪問紀錄》一書記載：「民國九年港埠大罷工，與民國十一年香港海員大罷工，均為先生所策劃，並獲完滿

---

32 馮自由著：《革命逸史》上冊（北京：新星出版，2009），第380-383頁。

33 馬超俊等口述：《馬超俊、傅秉常口述自傳》，第26-27頁。續編編委會編：《中國勞工運動史》（一），第一編第97-98頁。

34 馬超俊著：〈先母黃太夫人行述〉，第11頁。續編編纂會編：《中國勞工運動史》（一），第二編第142-143、144-145頁。

35 馬超俊等著：《比較勞動政策》（北京：商務印書館，2013），第935頁。

36 沈以行等主編：《中國工運史論》（瀋陽：遼寧人民，1996），第118、157、171頁。

結果。」[37]「民國九年港埠大罷工」是指1920年香港機器工人大罷工。我們翻看該書第六章第四節〈港埠大罷工〉，文中沒有說罷工由馬超俊策劃的，記述的是他罷工後的協助工作。[38]而1922的香港海員大罷工，也不是馬超俊策劃的，是罷工後，孫中山命馬超俊跟進及支援，並調處。[39]兩宗罷工馬超俊都參與調處，不是策劃。而馬超俊一直是勞資調和主張者，策劃罷工不是他的行為，調處才是。

1922年6月16日，粵軍總司令陳炯明發動兵變，炮轟廣州觀音山總統府（位於廣州市第二中學下球場、科學樓一帶，至中山紀念堂後面的越秀山半腰）。[40]叛軍攻擊總統府，孫中山的侍衛隊長馬湘保護孫中山夫人宋慶齡走出總統府。翌日下午2時，走到杜姓民家中躲藏，杜氏不敢收留，馬湘跪地懇求才改變主意。當槍聲稍細後，就轉去高第街宜安里馬伯麟家。宋慶齡命人找馬超俊到來，馬超俊到後全日守候。至19日，馬超俊獨自去沙面觀察情況。6月19日下午3時，宋慶齡換上馬超俊夫人沈慧蓮帶來的黑色紡綢衫褲，偽裝傭人，而沈慧蓮則偽裝老媽子，一前一後魚貫而行去沙面。[41]

到了沙面，馬超俊再去河南「嶺南大學」，找孫中山的美國顧問和嶺南大學外籍教授，護送宋慶齡去黃埔見孫中山。孫中山見馬超俊到來，即命回廣州發動全市工人大罷工，同時發出手

[37] 馬超俊口述：《馬超俊先生訪問紀錄》（台北：中央研究院近代史研究所，1992），第2頁。

[38] 馬超俊口述：《馬超俊先生訪問紀錄》，第41-42頁。

[39] 梁寶龍著：《爭尊嚴》（香港：社會保障學會等，2018），第185-186頁。

[40] 馬超俊著：〈國父廣州蒙難之經過〉，載編纂會編：《馬超俊先生言論選集》第一冊（台北：勞工福利，1967），第89-97頁。

[41] 馬超俊著：〈國父廣州蒙難之經過〉，第98-100頁。續編編纂會編：《中國勞工運動史》（一），第二編第196-197頁。

令：「派馬超俊同志為廣東全省工人罷工總指揮。」[42]

交通水電工人大部分罷工支持孫中山，反對陳炯明，廣州頓成黑暗世界，孫中山更希望發動全省工人大罷工。鐵路工人罷工，陳炯明的軍事運輸頓陷困境。[43]

馬超俊奉命組織游擊隊討伐陳炯明，同時又組織發動工人大罷工。當時，氣急敗壞的陳炯明就下令懸賞十萬元緝捕他。[44]

聯俄容共

1920年，孫中山進行聯俄容共政策，馬超俊等有異議。1924年，國民黨舉行第一次全國代表大會，把聯俄容共和扶助工農定為主要政策。但一生反共的馬超俊也曾與中共間接合作。

1922年時，中共廣東支部與廣東機器工會合作，開辦「廣東機器工人補習學校」，發起人有國民黨左派領袖汪精衛，中共首任總書記陳獨秀、廣州市教育局長許崇清、中共創立人之一譚平山和中共創立人之一陳公博等名人，校董會董事長為譚平山，而馬超俊是校董之一，其餘有黃煥庭和中華全國機器工會主席李德軒等。[45]可算是國共合作的先聲。

馬超俊與孫中山兒子孫科由上海返廣州，力勸孫中山慎重行

---

42 馬超俊著：〈國父廣州蒙難之經過〉，第100頁。

43 續編編纂會編：《中國勞工運動史》（一），第二編第197-198頁。

44 馬超俊口述：《馬超俊先生訪問紀錄》，第53-54頁。〈「台山人物」馬超俊：集革命家、政治家、「工人運動之父」榮譽一身的南京市長〉，載「每日頭條」，網址https://kknews.cc/zh-hk/history/kvgpq38.html。

45 梁復然著：〈廣東黨組織成立一些情況的回憶〉，載廣東省委黨史研究會辦公室等編：《「一大」前後的廣東黨組織》，第152頁。譚天度著：〈關於廣東黨組織成立的回憶〉，載廣東省委黨史研究會辦公室等編：《「一大」前後的廣東黨組織》，第116頁。〈廣東機器工人補習學校章程〉，載中共廣東省委黨史資料徵集委員會等編：《譚平山研究資料》（廣州：廣東人民，1989），第120-122頁。

事，並八次密陳指中共有陰謀。[46]

國民黨第一次全國大會上，國民黨元老兩廣鹽運使鄧澤如、國立廣東大學校長鄒魯和參議員馮自由、馬素和江偉藩等攻擊中共黨員跨黨破壞國共合作，指國民黨被赤化，被利用來進行共產主義宣傳，進行反對聯俄容共宣傳。國民黨改組後，由於中共黨員掌握了中央和地方相當大的一部分權力，更加引起反共者的不滿和反對。中共總書記陳獨秀公開撰文反擊，雙方掀起筆戰。[47]

這批反共的國民黨員遍布全國，北京、漢口和上海都有，廣東的鄧澤如、馮自由和馬超俊等，以孫科為首，形成一個政治集團「太子派」。[48]

在這糾紛下國共仍保持表面合作，但矛盾不斷加深，在各領域中爭奪，互不相讓。表現在工運上，上海和廣州都有兩個總工會。中共有「上海總工會」和「廣州工人代表會」，國民黨反共派有「上海工團聯合會」和「廣東總工會」。

早在1922年8月，孫中山敗走上海時，上海國民黨員向他表達對中共的不滿，尤其是工人幹部。9月，孫中山派被稱為「左派」的汪精衛等十餘人與中共開會，工界代表出席者有：馬超俊和「上海南洋兄弟煙草公司」吳公幹等八人。最後，孫中山囑工人對中共提高警覺，並命馬超俊領導工運，聲言這不是共產主義支配三民主義，乃是吸收中共黨員以增加革命力量。[49]

1923年4月16日，馬超俊得到孫中山委任為廣東石井兵工廠

---

[46] 馬超俊口述：《馬超俊先生訪問紀錄》，第2頁。

[47] 唐寶林著：《陳獨秀全傳》（香港：中文大學，2011），第266頁。傅秉常口述：《馬超俊、傅秉常口述自傳》，第42頁。

[48] 中央黨史研究室第一研究部編：《聯共（布）、共產國際與中國革命（1920-1925）》（北京：北京圖書館，1998），第497-498頁。

[49] 馬超俊著：〈紀念總理追憶當日容共的一段史實〉，載編纂會編：《馬超俊先生言論選集》第一冊（台北：勞工勞工福利，1967），第196-197頁。

副廠長兼總務處長。陳炯明反孫時，曾派軍隊接管該兵工廠，廠長潛逃遭撤職，在馬超俊指揮下廠內工人擊退陳炯明部，最後，廠長一職由馬超俊出任。[50]除了兵工廠職務，馬俊超還兼任陸海軍大元帥大本營宣傳委員會委員。1924年，出任國民黨廣州市黨部執委兼工人部部長。[51]

1923年12月，中共黨員楊殷等在石井兵工廠先組織「工人十人團」，後組織「兵工廠工人俱樂部」，發動工人罷工反對馬超俊。[52]

1924年9月，兵工廠工人代表向馬超俊提出索薪要求，掛出以橫額：「出糧無期，沙煲[53]掛起！」。[54]

這時，有兵工廠工人致函中共機關刊物《嚮導》，指控馬超俊十大罪狀：破壞工人俱樂部，包庇工頭，無故開除工人，縱容兵士打工人，虐待徒工，破壞消費合作社等。要求國民黨開除他的黨籍和撤職，10月，孫中山免去他的廠長職務。[55]這期間，馬超俊等協助調停沙面罷工。[56]

但這資料不知為何指馬超俊是成衣匠，是另指其他人還是錯誤，有待進一步核證。

---

50 馬超俊著：〈先母黃太夫人行述〉，第11頁。

51 蔡逢甲著：〈記馬超俊與石井兵工廠〉上中下，載《勞工月刊》第12-14期（香港：港九工團聯合總會，1975），第31頁。

52 梁復然著：〈廣東黨組織成立一些情況的回憶〉，載廣東省委黨史研究會辦公室等編：《「一大」前後的廣東黨組織》，第154頁。唐玉良等主編：《中國工運大事記（民主革命時期）》（瀋陽：遼寧人民，1990），第169頁。廣州工人運動史研究會辦工室：《廣州工人運動簡史（初稿）》（廣州：1988），第110頁。

53 沙煲是廣東人用砂瓦製成的煮食工具。

54 廣州工人運動史研究會辦工室：《廣州工人運動簡史》，第110頁。

55 唐玉良等主編：《中國工運大事記》，第182-183頁。廣州工人運動史研究會辦工室：《廣州工人運動簡史》，第111頁。

56 廣州工人運動史研究會辦工室：《廣州工人運動簡史》，第110頁。

1924年10月，直系軍閥馮玉祥等發動北京政變，奉系軍首腦張作霖和皖系軍首腦段祺瑞電請孫中山北上，召開國是會議。孫中山北上與會，不幸在京逝世。馬超俊參與治喪事務，及負責在南京紫金山選擇墓地。[57]

孫文主義學會

網上資料指1922年後馬超俊投靠蔣介石，發起組織「孫文主義學會」。這事與孫中山的兒子孫科有關。孫科反對國共合作，認為排斥中共不會影響聯俄和扶助工農政策。因而國民黨一大孫科未能取得要職，主要職務是主持國民黨廣州市部工作的低級職位。他於1924年6月1日，與加拿大支部代表黃季陸，聯名攻擊國民黨內中共黨員違背黨紀，提出制裁提案。[58]這時開始形成以他為中心，以廣州市黨部為據點，名叫「南堤俱樂部」（「南堤小憩」俱樂部）的「太子派」[59]，成員有台山人馬超俊、曾任公安局長的中山人吳鐵城、香港人傅秉常、曾任財政部參事的高要人梁寒操、海軍攻防司令海南島人陳策、孫中山貼身衛士台山人黃湘、歷史學家新會人簡又文、曾任內政部長的南海人李文範和法學家浙江人吳經熊等，成員絕大部分人是廣東人。孫科與國民黨元老宋子文、鄒魯和外交家伍朝樞等關係密切。[60]四大寇之一陳

---

57 馬超俊等口述：《馬超俊、傅秉常口述自傳》，第57-59。

58 蔡登山主編：《任重道遠》，第145頁。賴澤涵等著：《立法院院長孫科傳記》（台北：立法院議政博物館，2012），第35、46頁。

59 有關太子派的資料參閱黃振威著：《傅秉常傳》（香港：中華書局，2018），第122-140頁。賴澤涵等著：《立法院院長孫科傳記》，第35-36頁。傅秉常口述：《馬超俊、傅秉常口述自傳》，第25-26、33頁。

60 高華著：《多變的孫科》（香港：中和出版，2012），第14-15頁。黃振威著：《傅秉常傳》，第126-136頁。

少白也支持孫科。[61]

賴澤涵等著的《立法院院長孫科傳記》指廖仲愷是太子派，[62]但廖仲愷是親共（左派）人士，太子派是反共（右派）的，《立法院院長孫科傳記》的說法頗有問題。[63]賴澤涵應是誤讀了傅秉常的口述，廖仲愷因反對胡漢民故在南堤俱樂部出現，但他不反對中共，把他列入太子派有點混淆不清。

中國國內大部分學者以是否反共來分左右派，龍少不同意這一使用法，認為是簡單的黑白或好壞分野，不能準確指出兩者的分別。

太子派成員以廣東人為多，有濃厚地域色彩。成員大部分是國民黨權貴或富商第二代，且留學歐美。[64]

當時又有胡漢民為首的元老派，以「文華堂」書店為據點，成員有廣州衛戍司令魏邦平、陸海軍大元帥大本營糧食處處長胡毅生、陸海軍大元帥大本營建設部長林森、香山縣長朱卓文、鄧澤如、廣東省政府祕書林直勉和國民黨暹羅總支部長蕭佛成等，持反對容共立場，[65]與太子派都是反中共的，兩派矛盾是爭權而不在是否反共。在派系鬥爭下，對胡漢民不滿而支持容共者，都站在孫科這一邊，共同打擊胡漢民。

孫科政治取向是強烈反共，但不反俄和同意扶助工農，且支持省港大罷工，及贊同反帝反封建的革命要求，發表過措詞強硬的反帝聲明。[66]這種政治取向應列入「左派」，在這方面，馬超

---

[61] 蔡登山主編：《任重道遠》，第145頁。賴澤涵等著：《立法院院長孫科傳記》，第35-36頁。傅秉常口述：《馬超俊、傅秉常口述自傳》，第25-26、33-頁。
[62] 賴澤涵等著：《立法院院長孫科傳記》，第35頁。
[63] 同上，第48-53頁。
[64] 黃振威著：《傅秉常傳》，第138頁。
[65] 同上，第138頁。蔡登山主編：《任重道遠》，第144-145頁。傅秉常口述：《馬超俊、傅秉常口述自傳》，第25-26、40-41頁。
[66] 高華著：《多變的孫科》，第19頁。

俊也略相同。如此，孫科是左還是右？難為左右定分界！所以稱孫科是右派是過於簡單化，不能全面反映他當時的政治取向。且孫科一生政治取向多變，更不宜簡單稱為右派，當時馬超俊等人也有此情況。

五卅運動前夕，馬超俊在上海聯絡各大學，創立孫文主義學會。[67]先後聯絡北京大學的李大超、鍾汝中（鍾天心）、傅汝霖、陳兆彬、曾焦熙、袁世斌、姜紹謨、王崑崙、南京東南大學鄧光如（祖禹，公玄）、劉愷鍾、楊克天、任西萍、高嶽生、宋述樵、上海商科大學王漱芳等。中華民國陸軍軍官學校（簡稱黃埔軍校）冷欣、賀衷寒、潘佑強、杜心如、楊之行等，與上海同濟大學蕭淑宇一起去上海，推馬超俊、國民黨加拿大支部總幹事劉蘆隱、郎醒心、教育家何世楨和黃季陸等為孫文主義學會籌備委員。會長為孫科，總幹事為馬超俊，出版國民黨理論家戴季陶的《孫文主義哲學之基礎》。[68]

另一說法是，1925年7月1日，國民黨在廣州成立中華民國國民政府，在強烈國共合作氣氛下，孫科只得到廣東省建設廳長的低層職位，與國民政府中央沾不上邊，因而去上海，與西山會議派及其他國民黨反共者開會商討反共對策，決定聯絡北京大學民治主義同志會等反共組織，及黃埔軍校及南北各大學反共學生共同組織孫文主義學會，因而有「反共大將」之稱。更因孫科長期主持籌款工作，手握財源而被重視，西山會議派的上海總部經費，是由孫科支付的。[69]武漢時期，孫科大談工農運動，中共也加強拉攏孫科的工作，視孫科為朋友，陳獨秀稱他為真正的革命

---

[67] 李達嘉著：《商人與共產革命1919-1927》（台北：中央研究院近代史研究所，2015），第167頁。

[68] 馬超俊口述：《馬超俊先生訪問紀錄》，第94頁。

[69] 高華著：《多變的孫科》，第16-17頁。

領袖。[70]國民黨第二次全國大會，孫科當上中央委員。[71]所以孫科不能簡單地稱為右派。

11月29日，孫科、馬超俊和黃季陸等籌組的上海孫文主義學會成立，[72]出版《革命導報》。[73]

回看孫文主義歷史，1905年，同盟會創辦機關刊物《民報》，胡漢民在〈發刊詞〉把綱領「驅除韃虜，恢復中華，創立民國，平均地權」，概括為民族、民生和民權等三大主義，1924年，進一步將孫中山的演講匯編為《三民主義》一書。[74] 1925年3月，孫中山剛逝世，戴季陶便提出「孫中山主義」。[75]

據大多數孫文主義學會負責人回憶，孫文主義學會源起是，中共於1924年冬在黃埔軍校成立「中國青年軍人聯合會」，宣傳共產主義和進行活動。黃埔軍校反共者於1925年2月，成立「中山主義研究社」，與之對抗，後發展為孫文主義學會。其後在南方各地和北京及日美歐等地都有活動，成員有國民黨高幹、理論家、軍人和下層工人等。[76]於1926年中山艦事件後解散。[77]孫文主義學會負責人的回憶沒有談及馬超俊和孫科。

---

70 賴澤涵等著：《立法院院長孫科傳記》，第67-68頁。

71 高華著：《多變的孫科》，第16-17頁。

72 李雲漢著：〈介紹孫文主義學會及其有關文件〉，載《中央研究近代史研究所集刊》第4期（台北，1974），第520-521頁。高華著：《多變的孫科》，第16頁。賴澤涵等著：《立法院院長孫科傳記》，第54頁。《多變的孫科》指成立日期是11月25日，有誤。

73 李雲漢著：〈介紹孫文主義學會及其有關文件〉，第503-504頁。

74 蕭傑著：《胡漢民》（北京：團結出版，2011），第31-32頁。薛化元編著：《中國現代史》（台北：三民書局，1995），第51-52頁。賀淵著：《三民主義與中國政治》（北京：社會科學，1995），第9頁。

75 李雲漢著：〈介紹孫文主義學會及其有關文件〉，第499頁。張軍民著：《對接與衝突——三民主義在孫中山身後的流變》（天津：天津古籍，2005），第12-17頁。

76 李雲漢著：〈介紹孫文主義學會及其有關文件〉，第497-498頁。

77 李雲漢著：〈介紹孫文主義學會及其有關文件〉，第504頁。陳敬堂著：《寫給香港人的中國現代史》中冊，第244-246頁。

綜合以上說法，馬超俊口述略有問題，他說聯絡冷欣和賀衷寒組織孫文主義學會，按時序冷欣和賀衷寒已組織成立了孫文主義學會。再看高華談孫科組織孫文主義學會，沒有提馬超俊和黃季陸的名字，為何呢？有待進一步研究。[78]

勞工立法工作

1927年清黨不久，6月，馬超俊從美洲回國；同年，國民政府遷都南京，設立國民政府勞工局，直隸國民政府，管理全國勞工行政事務，局長為馬超俊，主任祕書為立法委員黃元彬，總務處長為周湘、行政處長為上海工運領袖王光輝（1895-？）、統計處長為國民黨宣傳科長蕭同茲，祕書為邱捷，科長有洪友蘭和王人麟等。[79]

同年8月，馬超俊在上海創辦《勞工時報》，倡導勞資合作，反對中共的紅色工會。[80]

早在1921年1月，戴季陶奉命起草《廣東省工會法草案》，廢除《暫行新刑律》中限制工會的條文，工人可以組織工會，同盟罷工，締結契約和進行國際聯合的權力。草案於1922年改名《廣東暫行工會條例》頒布施行。[81]

國民政府定都南京後，鑑於勞工立法的重要性，成立國民政府勞工法起草委員會，成員有馬超俊、法學家王寵惠、外交

78 高華著：《多變的孫科》，第16頁。
79 劉明逵等主編：《中國工人運動史》第四卷（廣州：廣東人民，1998），第81-82頁。馬超俊口述：《馬超俊先生訪問紀錄》，第112頁。
80 馬超俊著：〈五卅慘案紀念日感言〉，第218頁。中國勞工運動史續編編纂委員會編：《中國勞工運動史》（一），第三編第411-413頁。
81 莫世祥：《中山革命在香港》（香港：三聯書店，2011），第332頁。

家伍朝樞、憲法家王世杰、國際法家周鯁生和上海商人領袖虞洽卿（虞和德）、考試院長戴季陶和南京政府代理工人部長葉楚傖等，召集人為馬超俊，後併入是年9月成立的國民政府勞工局，兼勞工法起草委員會主任委員，負責勞工法的立法事宜。[82]後勞工局的行政部分併入工商部，勞工法起草委員會則併入法制局。[83]

1928年2月，馬超俊調任廣東農工廳工作，在該廳重組勞動法起草委員會，主席仍由馬超俊出任，副主任為立法委員黃元彬，成員有法學家史尚寬、黃元彬、朱公準、陶因、詹公貴、戴時熙、立法委員高廷梓和王人麟等，又聘史大璞為專門委員。[84]歷時11個月，於1929年1月完成《勞動法典草案》，共有七編11章863條，包括勞動契約法、勞動協約法、勞動組織法、勞動訴訟法、勞動救濟法和勞動保險法等。此法典草案完成後，即轉送國民黨交新成立的立法院審議，立法院決議將草案留備參考，未能見諸實施。此後，立法院所研究草擬的勞工立法，其內容大多取材於此，可算是中國最早的完整勞工法案版本。[85]

清共及統一工會

1927年秋，國民黨派馬超俊到南北美洲視察黨務，加強反共工作，馬超俊走遍美國和加拿大各地。[86]

---

82 馬超俊等口述：《馬超俊、傅秉常口述自傳》，第71頁。續編編纂會編：《中國勞工運動史》（二），第三編第411頁。
83 續編編纂會編：《中國勞工運動史》（二），第四編第7頁。
84 馬超俊等口述：《馬超俊、傅秉常口述自傳》，第71頁。續編編纂會編：《中國勞工運動史》（二），第四編第7頁。
85 續編編纂會編：《中國勞工運動史》（二），第四編第87-99頁。
86 馬超俊治喪委員會著：〈馬星樵（超俊）先生行述〉，第十編第627-628頁。

1928年1月，馬超俊改任廣東省政府委員兼農工廳廳長。同年秋，農工廳改為建設廳，馬超俊仍任廳長。1929年，兼任國民黨廣州市黨部宣傳部長。這段在廣州期間，他還曾任國民黨廣東省黨部整理委員、廣州市黨部執行委員等職，[87]進行清共工作。

馬超俊為農工廳定下六項工作準則：

一、解散附赤團體；

二、嚴防共黨活動；

三、統一工會組織；

四、改良農工生活；

五、救濟農工失業；

六、推廣農工教育。[88]

1928年5月，馬超俊作為中國勞方代表出席國際勞工組織會議，會上提出：1. 有色人種不得歧視；2. 華工應同工同酬；3. 取消包工制，及在上海設立國際勞工組織中國分局等。[89]

同年冬，任國民黨中央訓練部部長，指出當時禁止群眾活動是因噎廢食，建議以組織對組織，成立自己的群眾組織以對抗中共。[90]

1928年孫科與蔣介石合作，至1931年，兩人合作現危機，胡漢民與蔣介石圍繞制定《中華民國訓政時期約法草案》問題爆發矛盾。[91] 1931年2月年，國民政府主席蔣介石軟禁立法院長

---

[87] 馬超俊等口述：《馬超俊、傅秉常口述自傳》，第74-82頁。

[88] 續編編纂會編：《中國勞工運動史》（二），第四編第2-6頁。

[89] 馬超俊口述：《馬超俊先生訪問紀錄》，第117-128頁。馬超俊治喪會著：〈馬星樵（超俊）先生行述〉，第十編第628頁。

[90] 馬超俊等口述：《馬超俊、傅秉常口述自傳》，第74-87頁。

[91] 楊天石著：《蔣介石日記解讀》（香港：三聯書店，2008），第179-196頁。潘佐夫著：《失敗的勝利者》（新北：聯經出版，2023），第189-191頁。張軍民著：《對接與衝突》，第114-121頁。

胡漢民在南京湯山，馬超俊參加營救工作。[92]胡漢民被軟禁舉國譁然，國民黨監察委員古應芬（1873-1931）不辭而別，南下廣州，孫科稱病離開南京，司法院長王寵惠指蔣介石目無國法，目無黨紀。兩廣黨政軍要人結合全國對蔣介石不滿者進行反蔣運動，1931年5月27日，在廣州舉行國民黨非常會議，選出常委：鄧澤如、鄒魯、汪精衛、孫科和李文範等五人。提出召開第四次全國代表大會，同時成立廣州國民政府，常委有：汪精衛、古應芬和孫科等五人，要求蔣介石48小時內下野。10月22日，蔣介石、胡漢民和汪精衛在上海會面，事件暫告結束。[93]

九一八後，國民黨各派一度出現大團結。這年尾，蔣介石宣布下野。1932年元旦，新一屆國民政府成立，林森任國民政府主席，孫科任行政院長。馬超俊被任命為南京市市長。在財經問題無法解決下，孫科辭職，[94]馬超俊也隨之失去南京市長一職。至1934年，馬超俊出任國民政府委員。1935年3月，馬超俊再度出任南京市長，同年更任國府委員，1937年復任南京市市長。[95]

1932年12月孫科出任立法院長，主持《五五憲法》起草工作，[96]至1934年完成草稿，把最高權力放在總統手上，行政院長成為總統的幕僚長，做成有利蔣介石獨裁的政府架構。[97]

---

[92] 楊天石著：《蔣介石日記解讀》（香港：三聯書店，2008），第179-196頁。蕭傑著：《胡漢民》（北京：團結出版，2011），第167-176頁。馬超俊口述：《馬超俊先生訪問紀錄》，第153-156頁。

[93] 蕭傑著：《胡漢民》，第176-187頁。賴澤涵等著：《立法院院長孫科傳記》，第105、127頁。

[94] 蕭傑著：《胡漢民》，第127-142頁。賴澤涵等著：《立法院院長孫科傳記》，第127-142頁。

[95] 馬超俊等口述：《馬超俊、傅秉常口述自傳》，第77-112頁。

[96] 高華著：《多變的孫科》，第70-73頁。傅秉常口述：《馬超俊、傅秉常口述自傳》，第203-204頁。賴澤涵等著：《立法院院長孫科傳記》，第143-161頁。張軍民著：《對接與衝突》，第121-167頁。

[97] 高華著：《多變的孫科》，第70-73頁。張玉法著：《中華民國史稿》（台北：

上文談孫文學會時，談及網上有人指當時馬超俊在華北主持國民黨黨務時，投向蔣介石，現又與孫科站在一起反蔣。馬超俊行為如此反覆是否多變，或是這些人資料出錯。縱觀馬超俊一生不是多變的人，我們繼續看他的一生，就可肯定這些人的資料有誤。

抗日戰爭

1937年抗日戰爭全面爆發，南京淪陷前夕，馬超俊夫婦與南京市政府許多文職官員，表現出盡忠職守，拒絕撤離危城，堅守崗位四個月。進行安撫民眾，指揮軍事後勤的各項工作。並組織安排政府機構與市民疏散。直至城破前一日，接到蔣介石嚴令立即撤離的電報後，才離開南京。[98]

在守衛南京問題上，蔣介石初期決定堅守一個月，以待國際政局大變，外國出手相助。數日後改變認為不能堅守時，可以相機撤退，以圖整頓反攻，後又要求堅守不退，調國軍前來支援。日軍突破外圍時，國軍決定突圍，情況混亂，南京東北部挹江門外「被踏死者堆積如山」。[99]

抗戰期間，馬超俊在漢口創辦「中國戰時兒童救濟會」，任理事長，搶救了六千餘名逃難兒童。1942年，家鄉台山爆發饑荒，馬超俊思鄉情切，回鄉賑災。這時，他還兼任「國民黨中央組織部全國慰勞總會」副會長、國民黨中央社會部副部長和中央組織部副部長等職。全國慰勞總會分南北團，馬超俊任

聯經出版，1998），第201頁。

[98] 〈「台山人物」馬超俊：集革命家、政治家、「工人運動之父」榮譽一身的南京市長〉。馬超俊等口述：《馬超俊、傅秉常口述自傳》，第113-114頁。

[99] 楊天石著：《尋找真實的蔣介石》，第239-241頁。

南團團長，南下宣傳慰勞前方軍民，鼓舞民眾士氣，堅定抗日決心。[100]

馬超俊從事抗戰中的民眾及社會組織工作。1938年春，任「中國兒童救濟總會」理事長、「全國慰勞總會」副會長。1942年，在重慶和吳鐵城等52人共同創辦「南洋華僑協會」（今華僑協會總會）。1943年，就任該會理事長。1945年5月，當選國民黨第六屆中央執委。

1945年抗戰勝利，馬超俊第三度出任南京市長，辦理接收工作，遣送日僑和日俘1.6萬人回國。[101]

1946年12月，任國民黨中央農工部部長，領導各省、市總工會，及全國性鐵、工、郵、鹽、礦各業恢復組建工會。1948年4月，在南京創立「中華民國全國總工會」，同時兼任國民黨中央財務委員會委員。1947年9月，在國民黨六屆四中全會上，當選為中央執委會常委，1948年，當選為第一屆國民大會代表。

晚年

1949年國民政府遷去台灣，馬超俊也跟隨去台灣。[102] 1950年，馬超俊被聘為總統府國策顧問，此後歷任國民黨中央紀律委員會委員、主任委員，國民黨中央評議委員會委員，大陸救濟總會常務理事，光復大陸設計研究委員會委員和廣東同鄉總會理事

---

[100] 〈「台山人物」馬超俊：集革命家、政治家、「工人運動之父」榮譽一身的南京市長〉。馬超俊等口述：《馬超俊、傅秉常口述自傳》，第114-118頁。馬超俊等著：《比較勞動政策》，第938頁。

[101] 馬超俊治喪會著：〈馬星樵（超俊）先生行述〉，第十編第629頁。

[102] 〈「台山人物」馬超俊：集革命家、政治家、「工人運動之父」榮譽一身的南京市長〉。

長等職。[103]

1956年，由馬超俊與青幫的陸京士，發起一次洪門懇親大會，兩人也是工運分子，陸京士是上海郵務工人領袖，及上海聞人杜月笙的門生。

1965年，與中國文化學院（現稱中國文化大學）共同創辦勞工研究所，任該所理事長。曾任《中國勞工運動史》編纂委員會主任委員。

1969年8月4日，馬超俊患腦血管栓塞症，長期在醫院臥床。9月退休後，被聘為總統府資政。於1977年9月19日，在醫院病逝，享年92歲，葬在台北近郊金山富貴墓園（今「寶塚生命紀念園」）。[104]

勞工思想

馬超俊於1944年，在論述三民主義勞動政策時，指出其基本原則是：1.民族利益超過階級利益；2.勞資協調；3.提高工人生活水準等。

內容有以下各點：

一、實現民族主義：

加強政府統制，管理勞動市場，以完成國防計畫；

二、實現民權主義；

1. 保障勞工權益，確立工會法律地位；

2. 加強工會組織；

3. 鼓勵勞工參與國家立法和發表政治意見；

---

103 馬超俊治喪委員會著：〈馬星樵（超俊）先生行述〉，第十編第630頁。
104 續編編纂會編：《中國勞工運動史》（四），第十編第624頁。

三、實現民生主義，提高生活水平；

1. 施行勞工法以保障工人利益；
2. 確立工廠礦場檢查制度；
3. 獎勵工廠實行分紅制，鼓勵工人入股；
4. 推廣勞工保險及其他社會福利；
5. 實施工廠會議制，讓工人參與工廠管理；
6. 調整工人工餘生活；
7. 強行仲裁以解決勞資糾紛等。[105]

同年，馬超俊撰文〈實行義務勞動制度之史的借鑑〉一文，對應其三民主義勞動政策原則內容：加強政府統制，認同「控制著全國勞動力的使用，使集中於生產，為國家效力；運用國家權力，作廣泛的人力動員，實為近代經濟制度應具有的措施。」並引第一次世界大戰的德國為例，令國民增強國家觀念和對國家的責任。[106]這言論有國家主義色彩。

馬超俊也常用帝國主義一詞，退台初期也使有，如《馬超俊先生言論選集》第二冊論著（下）〈五十年來中國國民革命與勞工〉第25頁，指1920年香港機工罷工，是反抗帝國主義第一呼聲。

馬超俊認為五卅爆發遠因，是外國資本主義者以堅強軍備和雄厚資本侵華的結果。[107]

---

[105] 馬超俊著：〈三民主義勞動政策論〉，載《馬超俊先生言論選集》編纂會編：《馬超俊先生言論選集》第一冊，第108-121頁。

[106] 馬超俊著：〈實行義務勞動制度之史的借鑑〉，載《馬超俊先生言論選集》編纂會編：《馬超俊先生言論選集》第一冊第83-89頁。

[107] 馬超俊著：〈五卅慘案紀念日感言〉，載編纂會編：《馬超俊先生言論選集》第一冊（台北：勞工福利出版社，1967），第218頁。

五卅爆發，馬超俊在北京主持全國各省區工會聯合會，密令上海南洋煙草公司職工同志會吳公幹、張渭川、何中民、黃光輝和張志等，並分電各工會。馬超俊祕密南下上海，在法租界龍環路44號設立機關，籌劃應對一切。[108]

冒功

馬超俊在口述史自稱，二七後有份籌組「上海工團聯合會」，有冒功之嫌。[109]先看中國勞工運動史續編編纂會編的《中國勞工運動史》（一）第二編第三節〈上海工團聯合會的成立〉，隻字不提此會成立與馬超俊有關。實質此會是無政府主義組織，提出「只問麵包，不問政治」和「工會自治，不許政黨過問」。[110]細看馬超俊的一生沒有與無政府主義者有深入交往，再看資料該會是於1924年2月下旬發起籌組，籌委主任為「湖南勞工會」王光輝，副主任為「京漢鐵路總工會」楊德甫，交際主任為「上海紡織工會」徐錫麟，交際員為「中華工會」陳國樑，庶務為陳廣海等，起草員為謝作舟和徐錫麟。[111]成立後的執委有王光輝、楊德甫，徐錫麟，謝作舟、陳國樑和陳廣海等。[112]工作人員名單中沒有馬超俊，所以龍少提出如此質疑。

據馬超俊口述，1924年1月，他在廣州出席國民黨一大，會

---

[108] 同上，第219頁。

[109] 馬超俊等口述：《馬超俊、傅秉常口述自傳》，第47-48頁。

[110] 唐玉良等主編：《中國工運大事記》，第173頁。鄧中夏著：〈中國職工運動簡史〉，載鄧中夏著：《鄧中夏文集》（北京：人民出版，1983），第524頁。上海社會科院「中國現代史」創新型學科團隊等整理：《上海工人運動史大事記兩種》上（上海：上海書店出版社，2019），第74-75頁。

[111] 沈以行等主編：《中國工運史論》，第115-117頁。

[112] 同上，第115頁。

後擔任廣州市國民黨工人部長職務。上文已記載馬超俊於1923年4月16日出任廣東石井兵工廠副廠長，至10月始離職。所以如他有份籌組，應不是1923年二七後的事，而是10月後的事。馬超俊又自述說1924年11月去上海，似乎1924年1-11月，他可能在廣州，以此推算，他冒功可能性頗高。

再看以下在馬超俊與廣州無政府主義的關係。

另據資料指出，廣州有兩個機器總會，一是「廣東機器研究總會」，是勞資混合體，主要是研究技術，前身是廣東機器研究公會，重要人物有黃煥庭；另一是「廣東機器工人維持會」，馬超俊曾參與廣東機器研究總會成立工作，而廣東機器工人維持會則與他無關。有學者指馬超俊在廣州當官，因受無政府主義者排擠，故只能出任「廣東機器維持會」主席一年，此後該會由無政府主義者把持，出版《進化周刊》，有會員萬餘人。廣東機器工人維持會於1926年改稱「廣東機器工會」。馬超俊能出任廣東機器維持會主席一職，因該會借助他在廣州做官，以利活動。馬超俊離開主席職位後，與該會有不少過節。[113]

再據《中國勞工運動史》則指1910年4月，廣東機器總會易名為廣東機器工人維持會，主任為馬超俊。[114]這些資料涉及黨派之爭，至今難以核實。

著作

馬超俊著有：《三民主義勞工政策》、《比較勞工政策》、

[113] 陳衛民：〈南方工會再探〉，載沈以行等主編：《中國工運史論》，第181、190-192頁。

[114] 中國勞工運動史續編編纂會編：《中國勞工運動史》（一），第二編第138-139、191-192頁。

《中國勞工問題》、《中國勞工運動史》（四冊）、《馬超俊先生言論集》（四冊）和《中國勞工運動史》等。與余長河合著：《比較勞動政策》上下冊（重慶：商務印書館，1946），2017年，北京商務印書館重印此書，改為單冊發行。

曾任內務部勞工司司長的劉昆祥著有《馬超俊先生勞工思想之研究》（台北：中國文化學院勞工研究所，1978）。

總結

馬超俊一生搞工運的時間不足一半，其影響卻是大的，尤其是工運史上，他的《中國勞工運動史》是我等必看的，與鄧中夏的《中國職工運動簡史》互相輝映。而馬超俊亦著有工運理論書，是當時工會工作者必看的書。

馬超俊一生反共，中共對他當然有所攻擊，除上文所述，在石井工廠倒他台外，更將他名列在工賊內。

1925年5月1日，中共主持召開的第二次全國勞動大會，通過將馬超俊等19人列為工賊。早在大會籌備時，馬超俊動員上海紡織工會等32間工會，公開否認「勞動組合書記部」代表全國工人，召開這大會的地位，並運動武漢、長沙、天津、重慶和北方部分鐵路工會，通電不參加大會，而廣東總工會、廣東機器工會亦拒絕出席大會，[115]意圖拆中共的台。

1926年，國民黨舉行第二次全國代表大會，黨內的中共黨員聯名提出議案，指馬超俊是工賊，要求開除他的黨籍。鄧澤如和

[115] 中國勞工運動史續編編纂會編：《中國勞工運動史》（一），第三編第75、213頁。鄧中夏：《中國職工運動簡史》，第552頁。

蕭佛成極力為馬超俊辯護，得保黨籍。[116]

時至今天，中共在統戰政策下，馬超俊家鄉台山當局也有不少讚美馬超俊的言論，或許是中共主持僑務的廖承志所說的：「相逢一笑泯恩仇。」

[116] 中國勞工運動史續編編纂會編：《中國勞工運動史》（一），第三編第312頁。

辛亥革命與香港機工

文／梁寶龍

前言

從1895年「興中會」在香港成立，至武昌起義的16年間，國父孫中山先生等革命者發動的十次武裝起義中，有六次是以香港為基地。香港既是革命指揮和策劃中心，又是經費籌集與轉匯中心，也是軍火購買、製造及轉運中心，更是海內外革命者的聯絡與招募中心，及每次起義失敗後革命者的避難所。

從事武裝起義，槍支和炸藥是不能缺少的，因此吸納機器工人（簡稱機工）加入革命行列是必要的行動，在維修槍支和製造炸彈方面，香港機工負擔了重要任務。[1]

興中會領袖之一楊衢雲曾是機工，14歲時入香港海軍船塢學習機器，因工業意外引致斷去右手中指，只好放棄學徒生涯轉學英文。[2]

---

1 梁寶龍著：〈辛亥革命與廣東工人〉，載梁寶霖等編：《香港與中國工運回顧》（香港：基督教工業委員會，1982），第14頁。

2 馮自由著：《革命逸史》下冊（北京：新星出版，2009），第821頁。

幹革命

興中會會員成分及名字可考者有279人，內有工人54名，占19%，當中又以廣東籍為多。及後的「中國同盟會」有979人，廣東籍為120人，全部會員中華僑工人占7%左右。這些工人有：機工、海員、碼頭工人和苦力等，海員為革命黨傳送消息，機工則私製軍火。[3]

1905年，新加坡華僑許雪秋（1875-1912）為準備革命工作，取得承建潮汕鐵路工程合約，安排余既成、余通和陳涌波等當工頭協助，又安排七百名同志作鐵路工人，再向當局申請組織團練四百人。可惜錯失1907年的黃岡起義，各人只好分散離去。[4]這批修建鐵路的工人不少是機工。

1906年底，湘鄂贛交界爆發萍瀏起義，工人不滿米貴和減工資，「洪江會」率會眾揭竿而起，參加起義有數萬人，同盟會派人去接應。因起義軍未經訓練散漫無常，各路人馬宗旨複雜，結果被清軍鎮壓下去，失敗收場，導致清政府在長江流域大捕革命黨人。[5]萍瀏地區內有安源煤礦，僱用了不少機工。

1907年12月，「中國國民黨」工運領袖馬超俊到中越邊境，參加鎮南關之役，孫中山派他取道越南北部西貢，去越南西北

---

[3] 梁寶龍著：〈辛亥革命與廣東工人〉，第12頁。馮自由著：《革命逸史》下冊，第423-471、661-683頁。

[4] 馮自由著：《革命逸史》上冊，第313-315頁。麥柯麗著：《遙遠的海岸》（台北：時報文化，2021），第191-194頁。莫世祥：《中山革命在香港》（香港：三聯書店，2011），第162-163頁。這事《中山革命在香港》有不同說法，不在此詳述比較。

[5] 馮自由著：《中華民國開國前革命史》（桂林：廣西師範，2011），第174-189頁。金冲及等著：《辛亥革命史稿》2（上海：上海辭書，2011），第474-494頁。裴宜理著：《安源》（香港：香港大學，2014），第22-24頁。

部太原府左州設立機關，與革命軍領袖黃明堂（1866-1939）會合，相約國內同志前來，華僑機工不少人前來參加起義。[6]馬超俊是機工出身的革命人士。

起義失敗後，馬超俊開辦了「中興公司」，合伙人有台山人：劉煉維，林簡伯，黃伯堅和黃伯唐昆仲等。掩護革命黨活動，和聯絡幫會進行祕密活動。[7]總店設在港島德輔道中廣生行右邊，工廠設在灣仔鵝頸橋。[8]後來中興公司在廣州小北仁安里開設粵成公司。[9]

中興公司的營商方法，以收購頭髮製成髮網，運銷歐美，利潤頗高。同時又利用此公司及工廠作為策動革命，運送槍支及彈藥的機關。他們以網紮頭髮作偽裝，內中包裹炸彈，並有多種偽裝方法，交由在「廣東號」、「廣西號」、「香港號」、「澳門號」、「哈德安號」、「佛山號」、「金門號」、「河南號」和「大利號」等輪船上工作的機工，祕密運入廣州。這些輪船是由外資公司擁有，掛外國旗，且在香港註冊，廣東當局不敢任意搜查，因而較安全。因保密工作縝密，船主也不知船上有炸彈和軍械，打包工人和碼頭工人也有參與其事。日後起義日多，需要槍支很多，單從外地購買未能滿足需求，香港機工則自我配製槍支和炸彈。[10]

---

6 馬超俊著：〈國父與勞工〉，載編纂會編：《馬超俊先生言論選集》第四冊（台北：勞工福利，1967），第178-179頁。續編編委會編：《中國勞工運動史》（一）（台北：文化大學勞工研究所，1984增訂版精裝），第一編第50頁。蕭傑著：《胡漢民》（北京：團結出版，2011），第44-46頁。

7 馬超俊著：〈國父與勞工〉，第178-179頁。續編編委會編：《中國勞工運動史》（一），第一編第53頁。

8 馬超俊等口述：《馬超俊、傅秉常口述自傳》（北京：大百科全書，2009），第13頁。續編編委會編：《中國勞工運動史》（一），第一編第53頁。

9 馮自由著：《革命逸史》中冊，第549頁。

10 馬超俊著：〈國父與勞工〉，第178-179頁。續編編委會編：《中國勞工運動史》（一），第一編第53頁。

另一方面，廣州機工亦在配製槍支和炸彈，參加者有陳本新和梁業崧兩人，地點在廣州越秀區晏公街，[11]也是由海員負責運送。可惜兩人不幸失手殉國，這意外的炸藥來自日本軍校私售出來，成分和威力參差很大，製作過程中稍一不慎就會爆炸。[12]

馬超俊在香港安排海員中的機工，掩護運輸槍械彈藥回內地，由「黃埔船塢有限公司」華人總領班湯熙負責，湯熙是同盟會會員。[13]

暗殺活動

1910年，革命起義多番失敗，加上受俄國無政府主義的影響，革命者採取暗殺方法來打擊當權者。無政府主義者師復（1884-1915）在香港組織「支那暗殺團」，團長為師復，團員有陳炯明（1878-1933）、謝英伯（1882-1939）、高劍父（1879-1951）和丁湘田（女，？）等人。進行有組織、有針對性的暗殺活動。暗殺團先後在廣州炸傷水師提督李準（1871-1936），炸死廣州將軍鳳山（1860-1911），於1911年廣東光復後解散。[14]這一系列暗殺行動，機工出力不少。[15]

1911年，鳳山在倉前街遭伏擊，暗殺團成員李沛基（？）從一間租用的小鋪樓上，將巨型炸彈滾下，即時將鳳山炸死，然後

---

[11] 續編編委會編：《中國勞工運動史》（一），第一編第53-54頁。

[12] 馬超俊著：〈早期國民革命中的中國勞工運動〉，載編纂會編：《馬超俊先生言論選集》第一冊，第228頁。續編編委會編：《中國勞工運動史》（一），第一編第53-54頁。

[13] 續編編委員會編：《中國勞工運動史》（一），第一編第53-59頁。

[14] 馮自由著：《革命逸史》中冊，第763-769頁。

[15] 續編編纂委員會編：《中國勞工運動史》（一），第一編第59頁。

從容離去。[16]

炸鳳山由機工陳錦棠和梁樂三兩人，預製一個15磅巨型炸彈，事成後，馬超俊等機工安然離去。[17]

「中國研機書塾」（即今「香港華人機器總工會」）會員溫生財（1870-1911），廣東梅縣人，教徒。少年時父親死去，因而失學，由賢母撫養長大，節儉自主。早年曾從軍，因不滿政界腐敗，潔身自愛退出軍界，去香港當機工。因與同業意見不合轉去南洋種植園做苦工，後在順德同鄉協助下，重操故業，到礦場當機工，並在這時接受革命思想，加入同盟會。1909年在馬來西亞霹靂州（Perak）咖啡山，組織「廣益學堂」，討論國事。[18]

溫生財於1911年3月（宣統三年二月）到港，準備上京進行暗殺行動，可是沒有盤川，只好在九廣鐵路當工人維生待機。後得汪敬之和湯熙等中國研機書塾會員兼同盟會成員介紹，約見馬超俊。溫生財說準備去刺殺李準，汪敬之等人協助溫生財購買手槍，籌集毫洋二十元作為在港食宿之用。繼而籌措旅費，各人臨別則置酒餞行，[19]有如荊軻易水行。

1911年4月8日（農曆三月初十），廣州市郊燕塘大操場有飛行表演，廣東將軍孚琦（？-1911）攜妻兒出席觀看，飛機剛起飛碰竹林墜毀。孚琦乘八人大轎回城，由於觀眾人多道路阻塞，

---

16 沈太閑著：〈黃花崗起義與炸葬鳳山親歷記〉，載全國政協文史和學習委員會編：《親歷辛亥革命》上冊（北京：中國文史，2010），第203頁。馮自由著：《革命逸史》上冊，第767-569頁。

17 馬超俊著：〈早期國民革命中的中國勞工運動〉，第228頁。續編編委員會編：《中國勞工運動史》（一），第一編第59頁。

18 馮自由著：《革命逸史》上冊，第366-369頁。續編編委會編：《中國勞工運動史》（一），第一編第53頁。

19 馬超俊著：〈早期國民革命中的中國勞工運動〉，第228頁。續編編委會編：《中國勞工運動史》（一），第一編第53-55頁。馮自由著：《革命逸史》上冊，第366-369頁。

孚琦經諮議局門前（今廣東歷史博物館）回府，溫生財誤以為轎中人是李準，從人群中走出來，右手拔出手槍，左手抓住轎杠，向孚琦連發四槍，即時擊斃他。溫生財也當場被捕犧牲，享年42歲。馬超俊於香港《世界公益報》刊登祭文悼念。[20]

溫生財槍殺孚琦後，令到廣州當局各人風聲鶴唳。農曆三月，同盟會偷運大批軍械往廣州，準備黃花崗起義，廣州當局略有所聞，下令士兵回營戒備。[21]

三二九黃花崗起義前，革命黨人認為李準是革命的大障礙，多次進行暗殺未能成功。黃花岡起義後，暗殺團再準備行刺李準，炸彈殼由何鴻在河南長勝里「順和隆機器廠」鑄造，製成兩枚各重一磅半的炸彈，具體任務由高劍父主持。李準被襲擊雖胸部及雙手受重傷，斷肋骨兩條，但沒有生命危險。[22]這次行動後，起義機關多處被破壞。

黃花崗起義

暗殺行動失敗，革命仍在繼續進行中。馬超俊在香港九龍旺角租了數幢樓，招待回國僑工和各地工運人士。另在廣州長堤則租八、九艘舢舨，用作來往港穗兩地的人和情報的交通工具，重要消息可在一日內在穗港兩地傳達。[23]

---

[20] 續編編委員會編：《中國勞工運動史》（一），第一編第54-56頁。馮自由著：《革命逸史》上冊，第366-369頁。

[21] 沈太閑著：〈我所知道的馬來亞同盟會〉，載全國政協文史和學習委員會編：《親歷辛亥革命》，上冊（北京：中國文史），第192-193頁。

[22] 鄭彼岸等著：〈暗殺團在廣東光前夕的活動〉，載全國政協文史和學習委員會編：《親歷辛亥革命》上冊，第349頁。

[23] 馬超俊著：〈國父與勞工〉，第179頁。梁寶龍著：〈辛亥革命與廣東工人〉，第13頁。

1910年11月，同盟會決定在廣州舉行起義，是為黃花崗起義[24]（又稱三二九起義）。起義以廣州的新軍為主力，另從革命黨中選出五百作為選鋒。計劃起義占領廣州後，由黃興率一支軍隊出湖南直指湖北，趙聲（1881-1911）率一支軍隊由福建出江西，譚人鳳（1860-1920）率一支軍隊直出江西，長江流域各省按計畫起兵響應，會師北伐。[25]

1911年1月18日，黃興到香港籌備黃花崗起義工作，成立起義領導機關的統籌部，部長為黃興，副部長為趙聲，下分八科：調度、交通、儲備、編制、祕書、出納、調查和總務等。在上海也設立了辦事處，[26]譚人鳳負責在長江一帶的起義工作，起義統籌部設在香港跑馬地35號。[27]

進一步決定起義後，彈藥和槍支運輸工作量就加大了。馬超俊化名馬騏奔走穗港兩地，聯絡機工團體商討和安排有關起義工作，得中國研機書塾全力協助。這時正值溫生財殺了孚琦，當局加強盤查搜索，運輸工作更見困難。革命同志萬眾一心，甚至以嫁娶作掩護，把軍火槍支藏在花轎內，然後由女同志坐在轎內，順利通過關卡檢查。而轎夫和隨行樂隊由革命同志出任，一時間廣州日日有喜慶事，為此出力最多者為鍾瑞南、胡寧緩兄妹，及陳淑子（後為胡漢民妻）等，時為馬超俊女友的沈慧蓮（沈延貞）、李自平（後為馮自由妻）和徐宗漢（後為黃興妻）也是其中佼佼者。為了安全，有時這些軍火一日數遷，可見工作艱

24 黃花崗起義詳情參閱金冲及等著：《辛亥革命史稿》2，第773-778頁。
25 馮自由著：《革命逸史》上冊，第160-161頁。金冲及等著：《辛亥革命史稿》2，第773-775頁，第773-778頁。
26 金冲及等著：《辛亥革命史稿》2，第775-779頁。全國政協文史和學習委員會編：《親歷辛亥革命》上冊。馮自由著：《革命逸史》上冊。
27 馮自由著：《革命逸史》上冊，第160頁。蕭致治著：《黃興》（北京：團結出版，2011），第105-107頁。

險。[28]

沈慧蓮先祖曾任揚州知府，李自平是香港革命富商李紀堂（1873-1943）的女兒，以上各人士背後都是有身分者，有利她們掩飾身分進行革命，亦可見大清氣數已盡，人人離心。

同盟會準備這次起義，在日本購買槍支628枝，越南西貢（今胡志明市）採購槍支160多枝，香港購入槍支三十多枝，加上子彈和運費共用去六萬多元，個別革命者私人也購了一些槍支。除以婚嫁掩飾運軍火外，中興公司也以運送髮網掩飾來偷運軍火入廣州，[29]把軍火分別藏在38個不同祕密地點。[30]

不少機工加入了「選鋒」，馬超俊是選鋒第三隊成員，向巡警教練所進攻。[31]因槍支有限，加入選鋒隊由抽籤來定奪，機工入選者有：杜鳳書、黃鶴鳴、羅遇坤、陳福、羅進和張潮等六位烈士。落選者有譚祥和郭滔兩位，不少機工自帶槍支前來參加。[32]

各地的捐款也是匯到香港，共籌得19萬元。[33]同盟會用經費從外國購買軍火，先運往香港，再轉運去廣州。另外在香港中環擺花街設立「實行」，專門製造炸彈，並在九龍海邊荒灘進行試驗。起義日期快到時，參加起義的同盟會人亦分批從香港潛入廣州。[34]

黃花崗起義確認有85位烈士，當中有勞工17人，占五分之

---

[28] 續編編委員會編：《中國勞工運動史》（一），第一編第56-57頁。

[29] 金冲及等著：《辛亥革命史稿》2，第778頁。

[30] 馮自由著：《革命逸史》中冊，第549-550頁。金冲及等著：《辛亥革命史稿》2，第778頁。

[31] 續編編委員會編：《中國勞工運動史》（一），第一編第57-58頁。

[32] 馬超俊等口述：《馬超俊、傅秉常口述自傳》，第14頁。續編編委員會編：《中國勞工運動史》（一），第一編第57頁。

[33] 蕭致治著：《黃興》（北京：團結出版，2011），第249頁。

[34] 續編編委員會編：《中國勞工運動史》（一），第一編第57-58頁。

一，17人中廣東人占16人，而機工又占12人。[35]

4月27日（農曆三月二十九日），到達廣州的部分起義者因各種原因離去了，只餘下六、七十人，[36]黃興只好縮減起義規模。下午5時，黃興率選鋒百餘人攻入兩廣總督府內，已是人去樓空，而城外新軍沒有行動配合，起義失敗，各人逃命。翌日早晨，香港起義者這時才到達廣州，見城門關閉無法入內，只好返回香港。[37]在人馬不齊下，起義軍各自為戰，一事無成，馬超俊負傷回港。[38]

武昌起義

1911年10月10日（農曆辛亥年八月十九日），湖北新軍中的革命黨人發動武昌起義，攻占總督署，湖廣總督和新軍第八鎮統制狼狽逃竄。武昌槍聲響起後，清軍南下平亂。

武昌首義後，馬超俊於10月26日去香港，發動工人北上參戰對抗清兵，得到歸僑和外洋輪船海員辭職響應，自購短槍報名參加革命，隊員有凌定邦、嚴兆聰、劉元興等七十人。於10月30日（農曆九月初九日）乘船去上海，結合海員馬伯麟和馬福麟昆仲等二十餘人，藉馬氏昆仲曾在英國兵艦工作，略為通曉戰術，大家計劃組成「廣東華僑敢死隊」（以下簡稱華僑敢死隊），馬超俊任總隊長，馬伯麟為副總隊長，下轄三個分隊，由凌定邦、嚴

---

[35] 馬超俊著：〈國父與勞工〉，第180-181頁。續編編委員會編：《中國勞工運動史》（一），第一編第58頁。廣州工人運動史研究委員會辦工室：《廣州工人運動簡史（初稿）》（廣州：1988），第36頁。

[36] 馮自由著：《革命逸史》上冊，第163頁。

[37] 金冲及等著：《辛亥革命史稿》2，第780-785頁。

[38] 馬超俊著：〈我參加辛亥革命的經過〉，載《馬超俊先生言論選集》編纂會編：《馬超俊先生言論選集》第四冊，第197頁。

兆聰、劉元興等三人分別擔任分隊長，一切費用由大家自費負擔，搭德國輪船沿長江上武漢。[39]

隊員都是二十餘歲的年輕人，結果大部分殉國。[40]至此共和的「人」字已經寫好，如何才能加入民主氣息，有待我和你的努力。

華僑敢死隊於11月10日到達漢口，又有廣東籍同志十餘人加入。當時革命軍已退至漢陽，華僑敢死隊渡河到漢陽軍部報到，民軍戰時總司令黃興見馬超俊等到達，非常高興，親自加以點閱，並傳令各軍說：「廣東同志長途跋涉到來，其他各省同志將會陸續到達」，以鼓舞士氣，接著配給華僑敢死隊每人步槍一枝和子彈若干發，編入正式番號，轄金洪鈞統領指揮，正式參加作戰。[41]

11月17日，華僑敢死隊隨黃興在漢陽襄河琴斷口渡河，攻擊漢口大智門，湖北提督張彪（1860-1927）率部反攻，華僑敢死隊英勇作戰，兩次大敗清軍，其後因援軍不能繼續到來支援，無法抵擋清軍的進攻，遂退回漢陽。[42]

11月21日，南下清軍大軍進攻漢陽兵工廠，黃興調華僑敢死隊去駐防。廠內工人已經四散離去，只餘馬超俊以前在此組織工運的同志陳鏡如等數十人，他們也加入了華僑敢死隊，在此地的臨時的學生軍也加入華僑敢死隊，據守漢陽龜山西麓的伯牙台（古琴台），及與龜山相距一公里的梅子山。苦守待援四日後傷

---

[39] 馬超俊等口述：《馬超俊、傅秉常口述自傳》，第15-16頁。續編編委會編：《中國勞工運動史》（一），第一編第60頁。

[40] 續編編纂委員會編：《中國勞工運動史》（一），第62頁。

[41] 馬超俊等口述：《馬超俊、傅秉常口述自傳》，第16頁。

[42] 同上。續編編委會編：《中國勞工運動史》（一），第一編第61頁。有關漢口守衛戰參閱蕭致治著：《黃興》（北京：團結出版，2011），第117-121頁。劉強倫著：《孫武　焦達峰》（北京，團結出版，2011），第99-102頁。

亡嚴重，黃興於11月25日下午5時到來，指兵工廠是重要據點，萬萬不能失去，命令再堅守一天。戰鬥至11月28日，華僑敢死隊傷亡過半，嚴兆聰等陣亡，馬超俊負傷，面臨彈盡糧絕。這時，清軍占據龜山，革命軍放棄漢陽退去武昌，又據聞黃興離開武漢前去上海，眾人心中忿忿不平，戰意大減。[43]

此後，馬超俊一直對黃興心懷不滿。[44]實質此時，黃興審時度勢，認為應該轉攻南京，遭當地革命黨人反對，乃辭職去上海設臨時元帥府。

直至11月29日，華僑敢死隊才接到命令撤離。餘下的四十餘人要突圍才能離去，從武漢接壤的鄂州市觀音閣渡河去武昌，遭清軍炮轟。最後只餘馬超俊、馬福麟和凌定邦等二十餘人，其餘全部葬身黃鶴樓下。[45]

這時，南北洋水師提督薩鎮冰（1859-1952）奉清廷命令，率軍艦到達武漢，革命軍大為震驚。湖北軍政府都督黎元洪計劃送信給薩鎮冰，曉以大義，勸他反正，但又無人敢冒險前往。馬超俊義不容辭承擔此任務，以懸掛英國旗的「怡和洋行」小火輪駛向薩鎮冰所在的旗艦「海圻號」，把信親交薩鎮冰。翌日早晨，薩鎮冰的軍艦駛往下游武漢市東部陽邏停泊，解除了革命危機。[46]

---

[43] 馬超俊等口述：《馬超俊、傅秉常口述自傳》，第16頁。續編編委會編：《中國勞工運動史》（一），第一編第61-63頁。

[44] 馬超俊等口述：《馬超俊、傅秉常口述自傳》，第19頁。續編編委會編：《中國勞工運動史》（一），第一編第62-63頁。

[45] 馬超俊著：〈我參加辛亥革命的經過〉，載編纂會編：《馬超俊先生言論選集》第四冊，第198頁。

[46] 馬超俊等口述：《馬超俊、傅秉常口述自傳》，第17-18頁。

籌餉局

武漢打出起義第一槍後，11月初，同盟會南方機關急謀響應武昌起義，東江和香山各地相繼光復，廣九鐵路工人、香港、九龍及廣州等地工人、農民組織敢死隊，與民軍直逼廣州。11月8日，廣州商紳見大局緊迫，聯合各團體在「文瀾書院」開會，廣州工人要求宣布獨立，舉行遊行示威。[47]

中國研機書塾派出代表李幹廷、朱伯元和冼志等三人，聯同香港各界代表商人楊西岩（1868-1929）和實業家李煜堂（1851-1936）等三十人到廣州，商討廣東獨立的地方政府事宜，[48]推舉同盟會領袖胡漢民為都督。

廣東政局已經穩定時，在義軍雲集，清吏宵遁，庫藏空空如洗，餉胥告匱的情況下，僑港的同志以籌餉為己任，即時乘搭輪船回香港開會，在船上已決議在香港設立籌餉局，推楊西岩為正主席，鄧仲澤（1880-1964）為副主席，建築商林護（1870-1933）、區彬等為司庫，金山莊商人余斌臣和伍耀庭等為司理，九巴創辦人之一譚煥堂為參謀，余如、建築商譚肇康（1875-1961）、實業家伍于簪（伍于笈，1873-1934）、金利源東主李文啟、姚樂臣、華機會朱伯元、先施創辦人之一鄭幹、商人吳東啟、商人胡鼎男、商人伍學晃、黃汪波、張兆蘭、四邑商工總局臨時主席譚亦僑、華機會李幹廷、吳性初、朱佐中、譚教五、馮昌璉、黎榮洛、馮兆坤、麥性湖和冼志等為局員。楊西岩即席提

[47] 唐玉良等主編：《中國工運大事記（民主革命時期）》（瀋陽：遼寧人民，1990），第51頁。

[48] 楊國雄：《香港戰前的工會刊物》，載：魯言等著：《香港掌故》第9集（香港，廣角鏡出版，1985），第50-51頁。

議募捐方法，不足半日已籌集到現金48萬多元，即時僱用香港輪船「河南號」運上廣州，並由李樹芬（1887-1966）醫生押運入庫，[49]不足一個月時間，接續籌得兩百萬元，也先後解交省庫備用。

殷商借出給籌餉局的錢，可得五厘息。[50]華機會的李幹廷、朱伯元和冼志等三人被委為籌餉局成員之一。[51]

結論

從上文我們可以有一個結論，工人階級是辛亥革命力量的重要來源，也可見地域主義對革命動員的影響。

有云：「天下興亡，匹夫有責。」工人是國民的一分子，對國家的大大小小事情都應該參與，因此工會為會員爭取應有的利益，除了經濟方面，也應有政治方面的，兩者缺一不可。

海員縱橫歐美眼界開闊，機工知識水平較高，二者都率先自覺參加辛亥革命，爭政治權益，以求自救，協助孫中山寫好一個共和的「人」字。國家能寫好一個「人」字，是全民共同努力的成果。

以上機工的鬥爭所見，其活動方式有一定的鄉誼色彩，並可視為對中國的愛國情懷。八年抗戰有人提問游擊隊是保家還是衛國！傷痕文學《苦戀》提出的「你愛國家，國家愛你嗎？」至今一直發人深省。

---

[49] 李樹芬著：《香港外科醫生》（香港：三聯書店，2008），第047頁。
[50] 同上。
[51] 周奕著：《香港工運史》（香港：利訊出版，2009），第21頁。

遠東機工工運

文／梁寶龍

前言

英國經濟學家亞當・斯密（Adam Smith，1723-1790）指，歐洲各國的政策把機械師、技工和製造師的勞動視為熟練勞動，而把一些農村勞動者的勞動視為普通勞動，工資因而有差別。[1]當時建築業木匠工藝要求比泥水匠高，故工資較高。倫敦最下層的裁縫工人日薪為半克朗（一克朗等於五先令），普通勞動者日薪為18便士，在小都市和鄉村裁縫工人日薪與普通勞動者相約。[2]

我們可參考以下兩個表格的薪金資料，對斯密的說法會有一定的啟示，台北木匠工資在泥水匠之下，上海的機器工人只是高薪者，情況不如斯密所說。這情況尚要多搜集更多資料才能完整論說，暫不在此闡述。

---

1 斯密著：《國民財富的性質和原因的研究》上卷（北京：商務印書館，1974），第93-94頁。

2 同上，第95-98頁。

1926年台北工資表

單位：日圓

職稱	日本人	台灣人
木匠	3.50	1.80
泥水匠	4.00	2.00
瓦匠	4.00	1.80
石匠	4.00	2.00
鐵匠	2.50	1.60
鑄造工人	2.50	1.60
苦力	2.50	1.50

資料來源：郭杰等著：《臺灣共產主義運動與共產國際(1924-1932)研究·檔案》（台北：中央研究院台灣史研究所，2010），第172頁。本表經筆者整理而成。

1930年上海工人月薪表

單位：中國元

次序	職業	工資率
1	印刷	41.720
2	造船	35.950
3	機器	26.364
4	絲織	23.507
5	榨油	21.808
6	搪瓷	21.764
7	織襪	19.256
8	麵粉	18.658
9	內衣[54]	18.423
10	造紙	17.160
11	棉織	15.160
12	煙草	14.979
13	毛織	13.232

3 當時所說的內衣與今有很大差別，是指恤衫。

次序	職業	工資率
14	棉織	10.868
15	火柴	10.685
16	繅絲	8.833
	平均	15.351

資料來源：池子華著：《近代中國「打工妹」群體研究》（北京：社會科學，2015），第238頁。

以上兩表都可以見到工資是與技術掛勾的，但「1926年台北工資表」內泥水匠工資比木匠高，亦可見時代和地區不同，工資也有分別。

從「1930年上海工人月薪表」中，造船也列入為機器工人，機器工人薪金高，故有「工人貴族」之稱。

或許有人認為高薪工人不會與老闆進行鬥爭，下文闡述的遠東工運史告訴我們，具有文化的機器工人的鬥爭最早，鬥爭能力也強，或許與他們的文化水平有關。

中國國民黨工運主將馬超俊說：1920年香港機工罷工，是亞洲第一創舉，也是反抗帝國主義第一呼聲。[4]

香港機工打出亞洲第一槍，與日後遠東各地的機工罷工沒有直接關係，但各地機工的罷工卻把當地的工運帶入新里程碑。

本文闡述遠東工運前，我們且先看一些當時全球主要國家的紡織工人薪酬資料，美國與歐洲國家的差別近一倍，性別上差別也很大。亞洲的中國和日本人相差三分之一，這可以簡單的視為先進與落後的差別。

[4] 馬超俊著：〈五十年來中國國民革命與勞工〉，載編纂會編：《馬超俊先生言論選集》第二冊（台北：勞工福利，1967），第25頁。

1910年各國紡織工人日薪表

單位：中國元

	美國	法國、瑞士	義大利	日本	中國
男工	1.50-3.00	0.75-1.50	0.50-0.80	0.15-0.20	0.10-0.12
女工	1.00-2.50	0.50-0.90	0.30-0.60	0.10-0.12	0.06-0.09

資料來源：高愛娣編著：《中國工人運動史》（北京：中國勞動社會保障，2008），第38頁。

西方不亮　東方亮

第一次世界大戰接近尾聲時，突發的俄國革命成功，建立了自稱工人領導的政權，歐洲多個國家工人行動起來奪權，也建立自稱的工人政權，但全部以失敗結束。共產國際只能把希望放在亞洲上，希望亞洲革命成功，然後與歐洲革命統一。

第一次世界大戰後，隨著大批在英國海外服役的加勒比地區軍官回國，加勒比人民爭取民主權利的意識得到了加強，通過報章大力宣傳民主思想，先後成立政黨爭民主。[5]

歐洲機工的抗爭有：1919年年1月，英國蘇格蘭西部造船重鎮格拉斯哥（Glasgow）的「克萊德造船廠」（clyde shipbuilding）工人罷工勝利；9月全國鐵路大罷工；10月，全國一百萬煤礦工人大罷工，要求加薪和煤礦國有化，得到鐵路和運輸工人支持，進行三角同盟罷工，當局出動軍隊鎮壓，工會領袖外逃，鐵路和運輸工會退出同盟罷工，罷工失敗下，全國工會會員大減，工資也減少。[6]

---

5 王錫華編著：《危地馬拉　牙買加　巴巴多斯》（北京，社會科學文獻，2011），第405頁。

6 福斯特著：《世界工會運動史綱》（北京：三聯書店，1961），第327-328頁。

1920年9月，義大利全國五十萬五金屬工人（歐人對機工的分類稱謂）總罷工，要求加薪，資方揚言以閉廠應對，工人在工廠升起代表社會主義的紅旗，武裝占領所有鋼鐵廠、煉鐵廠、機器廠和一般金屬工廠，得到全國工人階級和部分農民支持。激進的左翼分子進一步提出奪權要求，但遭否決。最後與政府協商成功，占領工廠行動結束，及後義大利總工會人數大減。[7]工人占領工廠後就開工自營生產並銷售，但缺銷售人才，情況不理想。

一戰時，列強無暇東顧，日本得以加速發展和擴張。在中國建廠，利用中國人的廉價勞動力生產商品，搶占中國市場，繼而進軍國際市場，與歐美各國直接爭利益。在日本，戰前1914年有工廠17,000多間，工人85萬餘人；1916年工廠增至19,000多間，工人100餘萬人，戰後1919年再增至工廠43,000多間，工人為150萬餘人。[8]

1914-1920年間，中國民族資本家乘歐美無暇在遠東爭奪市場，亦乘勢而大力擴展，[9]日商亦乘機擴大中國市場占有率，和加大在華投資。日本九州福岡「八幡製鐵廠」使用中國湖北大冶鐵礦的礦砂。[10]

1914年，中國從外國進口麵粉價值700多萬兩，1915年轉為出超，1920年出超達1,700多萬兩，中國麥麵粉廠1916年有67間，1918年增至87間。洋紗方面，以1913年進口為263萬擔為100，1914-1916年間減為69.3，1920-1922年間再減為48.7。洋布方面，以1913年進口為十億萬碼為100，1914-1916年間減為95.3，1917-

7 同上，第324-325頁。
8 服部之總主編：《日本工人運動史話》（北京：工人出版，1958），第51頁。
9 李明偉著：《清末民初中國城市社會階層研究》（北京：社會科學文獻，2005），第298頁。
10 服部之總主編：《日本工人運動史話》，第52-53頁。

1919年間再減為58.7。而紗紡織廠由1911年的22間增至1919年的54間。外貿赤字由1913年的一億多萬兩，減至1919年的1,600萬兩。一戰後的1919-1923年間，民族資本新設的公司有757間，年均為151.4間，大部分在沿海城市，銀行也大增，年均新增五間。[11]

日本工運

日本明治維新在社經文上全面改革，邁向帝國主義，從此遠東不安寧。明治維新初期，日本人認為將封建制度改變為商業資本主義制度，改革商業和貿易就可以富強起來。1870年後，日本開始意識到工業機械化能令生產能力倍增，工業革命提上了議程內，鼓勵私人投資工業。[12]全面引進資本主義制度，改變了僱傭關係。[13]

明治維新後，日本要成為軍事強國，大力發展海軍，對機工需求大增。日本工業能夠騰飛，可以算是得於1894年中日甲午戰爭的三億多日圓賠款，用以完成工業革命。1892年日本有工廠2,767間，工人29萬餘人，1896年增至工廠7,672間，工人44萬餘人。[14]

[11] 張玉法著：《中華民國史稿》（台北：聯經出版，1998），第139-141頁。
[12] 霍爾科姆著：《東亞史》（台北：五南圖書，2021），第321頁。
[13] 楊益著：《一本書讀懂亞洲史》（台北：海鴿文化，2018），第270頁。
[14] 服部之總主編：《日本工人運動史話》，第4、6頁。

1902-1911年日本工人人數表

	1902			1911		
	男工	女工	男女總數	男工	女工	男女總數
紡織業	32,699	236,457	269,156	32,699	236,457	269,156
機器／工具製造業	33,379	983	34,362	67,271	3,817	71,088
化學業	33,615	43,681	77,296	47,159	22,414	69,573
飲食業	16,837	13,316	30,153	34,202	12,922	47,124
雜項	29,729	11,579	41,308	37,831	20,123	57,954
電力或天然氣	475	21	496	4,476	40	4,516
開礦及提煉業	42,888	7,230	50,118	59,321	8,924	68,245
全國總數	189,622	313,267	502,889	282,959	304,697	587,656

資料來源：戈登著：《200年日本史》（香港：中文大學，2014增訂版），第125頁。表內多個總數與原書不同，不知分別原因在何，現表內各總數是筆者計算的結果。

從上表可見，1902年，日本有機器／工具製造業工人34,362人，1911年增至71,088人。[15]電力和開礦業也有不少機工，可見機工的重要性。

我們先看日本工會早期的發展，印刷工人於1890年組織了最早的工會——「活版印刷工人同志會」。[16]接著是東京「石川島造船廠」（「石川島播磨重工業」）西式鐵工小澤辨藏（？）和

15 戈登著：《200年日本史》（香港：中文大學，2014增訂版），第125頁。

16 原田敬一著：《日清、日俄戰爭》（香港：中和出版，2016），第215頁。服部之總主編：《日本工人運動史話》，第3頁。片山潛等著：《日本的工人運動》（北京：三聯書店，1964），第5-6、118-128頁。《日本的工人運動》指最早是1884年，有待核實。

國太郎（？）兄弟，於1887年2月左右組織鐵工工會——「同盟進工組」。[17]並於6月舉行罷工，參加罷工有：石川島造船廠、陸軍兵工廠、東京「田中機械製造廠」和鐵路公司等機工。[18]

「勞動組合期成會」於1897年12月成立鐵工的工會——「鐵工組合」，會員一千餘人。所謂鐵工是指車工、成品工和製罐工等從事機械和金屬業工人的統稱，即本書所說的機工或有人稱為「金屬業工人」。該會成員有來自「東京炮兵工廠」、「甲武鐵路局公司」、「新橋鐵路局公司」、「平岡工廠」、「中島工廠」、「原鐵工廠」、本州關東「大宮工廠」、「東京紡織廠」、「横濱鐵廠」和石川島造船廠等工人。成員跨越工廠，按職業分類組成，一年內發展到有32個支部，會員3,000人。到了1900年9月，支部增至42個，會員5,400人，在「日本鐵道大宮工廠」、電機業的東京「芝蒲製作所」、「横須賀海軍工廠」等建立了支部，尚在福島、仙台、青森和北海道建立了支部。出版工人雜誌《勞動世界》。[19]

1896年7月，東京造船廠成立「東京造船木匠工會」，並於1898年4月發動同盟罷工，得到勝利。[20]

我們再看日本工人最早的罷工，1897年有32宗罷工，參加人數為3,517人。[21]

再看機工的鬥爭情況，1898年2月下旬，日本東北部的私營「日本鐵道公司」四百名火車司機罷工，要求改善待遇，改正職

---

17 服部之總主編：《日本工人運動史話》，第3頁。片山潛等著：《日本的工人運動》，第6-7、93-96頁。

18 片山潛等著：《日本的工人運動》，第3-7、106-114頁。

19 原田敬一著：《日清、日俄戰爭》，第214頁。片山潛等著：《日本的工人運動》，第18、53-65、240-241頁。

20 片山潛等著：《日本的工人運動》，第96-100頁。

21 服部之總主編：《日本工人運動史話》，第6頁。

位名稱和增加工資等，並要求恢復十名守護者的工作。火車司機認為其職稱聽起來低人一等，但其工作技能要求比文員高，自覺沒有尊嚴。罷工令到上野至青森的鐵路停駛，結果資方答應工人的全部要求，十名被解僱的罷工領袖可以復職，工人取得巨大勝利結束罷工。[22]

復工後，領導罷工的「我黨待遇期成大同盟會」解散，4月5日再組織成立「日本鐵道矯正會」，會員1,000餘人。[23]，出版《鐵道世界》，加盟勞動組合期成會。勞動組合期成會乘勢準備大規模慶祝五一勞動節，但東京警察廳下令禁止集會。勞動組合期成會改以慶祝東京奠都為名，招集了800名工人慶祝五一。[24]

日本工運表明工人是否與資方鬥爭，不只是工資高低，而是有沒有受壓迫和歧視。

日本勞工法

1898年，日本開展《工廠法》的討論，勞動組合期成會的活動提高了工人的自覺意識。[25]

1899年1月，鐵工組合舉行慶祝成立一週年活動，在東京「上野恩賜公園」舉行運動會，[26]警察廳以妨礙治安為藉口禁止集會。[27]為了打壓工運，當局於1900年3月制定《治安警察法》，

[22] 原田敬一著：《日清、日俄戰爭》，第215頁。戈登著：《200年日本史》，第129-130頁。服部之總主編：《日本工人運動史話》，第8頁。
[23] 原田敬一著：《日清、日俄戰爭》，第215頁。
[24] 服部之總主編：《日本工人運動史話》，第8頁。片山潛等著：《日本的工人運動》，第65-72、114-118、132頁。
[25] 原田敬一著：《日清、日俄戰爭》，第215-216頁。
[26] 這裡的「運動會」一詞不是指體育活動。
[27] 服部之總主編：《日本工人運動史話》，第8頁。

限制工人的兩項基本人權：組織工會權和罷工權。第十七條規定：禁止工人罷工，和集體談判；第三十條規定，發動罷工判刑一至六個月，罰款三至三十日圓。引致工人退出鐵工工會，勞動組合期成會規模縮小。[28]

日本工業革命後，其必然產生的人為災害即冒現。1887年8月，日本關東北部栃木縣足尾銅礦的汙染問題，引致北關東渡良瀨川漁業消失。1890年當地出現洪水，使汙染問題擴大，板中縣各村舉行抗議活動。1900年，3,500名受傷者在東京進行請願，關東中部群馬縣川俣有100人被捕，51人根據《治安警察法》被判罪，19人被定有罪。傳媒大肆報導汙染問題，出版號外作專題報導，直至1905年日俄戰爭爆發，事件始平淡下去。[29]

在工運不斷發展下，親工人的政黨也出現，把工運向横擴展。1901年4月3日，五萬名群眾在東京向島舉行「工人懇親大會」。5月20日，日本工運領袖片山潛（1859-1933）等成立「社會民主黨」，要求裁軍和普選。[30]

1902年，廣島吳市的「吳海軍兵工廠」工人發動罷工，向組長和工頭擲石，政府派軍隊鎮壓。1903年，造船廠和礦場也有工潮。本州中部「足尾銅礦」工潮，要出動軍隊來鎮壓。[31]

日俄戰爭時，兵工廠進入備戰狀態，無視工業安全，單方面要求工人加班，吳海軍兵工廠有工人連續工作長達34小時，九成工人每週只能回家一次，造成多名工人過勞死。因工人過勞，東京炮工廠經常發生工業意外，一個月內有三分之一工人患病或負

[28] 原田敬一著：《日清、日俄戰爭》，第215-216頁。片山潛等著：《日本的工人運動》，第3842-33頁。
[29] 同上，第240-242頁。
[30] 服部之總主編：《日本工人運動史話》，第9頁。
[31] 井口和起著：《日俄戰爭的時代》（台北：玉山社出版，2012），第186-187頁。

傷。1905年5月29日，更發生大爆炸，釀成數十人傷亡。[32]

1906年，吳海軍兵工廠工人因物價高漲引發不滿，再次罷工三天，政府派軍隊鎮壓，最後應允發給日薪補貼金，工人勝利復工。[33]

1907年，全日本最大軍火廠發生抗爭，要求改善待遇，沒有發展成為罷工，且得不到資方回應。[34]

1907年2月，足尾銅礦、北海道「幌內煤礦」和四國西北部「別子銅礦」等發生暴動，足尾銅礦罷工有1,000餘人參加，爆毀監視公所，礦場損失近300萬日圓。罷工規模最大的是「大阪炮兵工廠」，有16,000人參加。[35]

3月，東京都電車公司3,000工人罷工。[36]

1912年9月明治（1852-1912）天皇病逝，皇太子嘉仁（1878-1926）即位，改元大正。桂太郎（1848-191）第三次組閣並擴軍，人民對軍部不滿，開展大正民主運動。

1917年，全國性工人組織「友愛會」發動，北海道「室蘭日本製鋼所」3,000人罷工，及長崎「三菱長崎造船廠」1,200人罷工。[37]

以上機工的抗爭大部分發生在軍工廠，可見日本在軍國主義影響下，工業發展是以軍工為先導。

一戰後，全球大米供應緊張，國際米價上漲，日本因而爆

---

32 同上，第130-132頁。

33 井口和起著：《日俄戰爭的時代》，第130-132頁。

34 戈登著：《200年日本史》，第171頁。

35 關捷總主編：《中日甲午戰爭全史》（戰後篇）（長春：吉林人民，2005），第665頁。服部之總主編：《日本工人運動史話》，第22-27頁。片山潛等著：《日本的工人運動》，第280-281頁。

36 關捷總主編：《中日甲午戰爭全史》（戰後篇），第665頁。

37 堀幸雄著：《戰前日本國家主義運動史》（北京：社會科學文獻，2010），第41頁。

發「米騷動」，引致在日本全國38個城市，153個鄉鎮及177條村中出現超過623宗騷動，參與人數逾兩百萬人。政府動用十萬軍隊鎮壓，死傷者約一千餘人，逮捕了八千餘人，大約五千人被定罪或被懲罰。[38]騷動中礦工用炸藥抵抗軍隊的進攻，在煤礦工人罷工時，農民為反對課重租稅和米價暴漲，也不斷掀起暴動。這樣，工人的罷工鬥爭與農民的搶米暴動互相呼應。[39]至1919年，香港也因米價暴漲，苦力肆出搶米。食米短缺引致社會不安，這也是中國五四運動的遠因之一。[40]

1920年2月，八幡製鐵廠全廠一萬三千餘工人罷工，要求增加工資三成，改善待遇。警察和憲兵八百餘人前往鎮壓，拘捕工人五十餘人。罷工堅持了一個月結束，廠方解僱工人224人，「日本勞工友好協會聯合會」正副主席等人被判刑四個月至一個月不等。[41]

1920年有四百多宗農民起義，參加人數達34,000餘人，1921年增至1,680宗，參加人數達14.5萬人。在以後的社會運動中，農民是重要的參與者。[42]

1921年，工潮遍日本全國。4月以「大阪電燈株式會社」工潮開始，接著是大阪「藤永田船廠」、住友三廠（電線、鑄鋼和抽銅）等工潮。[43]

1921年6-8月，神戶的三菱內燃機廠和造船廠，及「川崎造

---

[38] 升味准之輔著：《日本政治史》第二冊，第496頁。托特曼著：《日本史》（上海：上海人民，2008第二版），第368頁。

[39] 服部之總主編：《日本工人運動史話》，第46-51頁。

[40] 梁寶龍著：〈國際工運下的1919年香港搶米騷動〉，載梁寶龍著：《汗血維城》（香港：中華書局，2017），第52-61頁。

[41] 服部之總主編：《日本工人運動史話》，第52-53頁。

[42] 王保明主編：《日本簡史》（上海：上海人民，2006），第125頁。

[43] 同上，第114頁。服部之總主編：《日本工人運動史話》，第58-59頁。

船廠」等三間工廠進行總罷工，涉及三萬餘工人，要求承認集體談判權（確立團體交涉權），增加工資，這些廠正在製造大型軍艦，資方立即與海軍聯絡，又向憲兵和警方求助。三千名軍人出身的罷工工人脫去淺黃色的工作服，穿上軍服與前來鎮壓軍警對抗。[44]

友愛會全力支持罷工工人抗爭，工人堅持了一個月敗北。罷工由工農運動家賀川豐彥（1888-1960）指揮，成立糾察隊，進行總罷工。罷工工人又到神戶「湊川神社」和「生田神社」參拜，是封建儀式與現代工運的結合。政府出動警察、軍隊和憲兵鎮壓。[45]

在日本工運上，機工一直擔任重要角色。

韓國工運

抗日戰爭時，日軍把朝鮮人編入侵華部隊中，但朝鮮半島上朝鮮人也轟轟烈烈地反抗日本的殖民統治，可是在日本人的勞役下，朝鮮人被迫無奈地隨日軍出征。[46]

19世紀末，韓國現代工人階級開始在日本帝國主義的工廠內形成及發展。[47]進入20世紀，朝鮮農村社會被破壞，人口流入資本主義生產結構的城市、礦場和鐵路等工作，在新的僱傭關係中，以賺取工資維持生計，工人階級隊伍日漸擴大。1901年韓國

[44] 竹村民郎著：《大正文化》（台北：玉山社出版，2010），第203-205頁。成田龍一著：《大正民主運動》，第155-156頁。王保明主編：《日本簡史》，第125頁。

[45] 成田龍一著：《大正民主運動》，第155-156頁。

[46] 楊益等著：《你一定想看的韓國史》（台北：海鷹文化，2020），第308-309頁。

[47] 中央黨校國際工人運動史教材室編著：《國際工人運動史》（北京：中央黨校，1987），第228-229頁。

被日本吞併，雖成為日本殖民地，仍是農業社會。1904年，工人只占全國人口的10.4%，1910年增至17.5%。首爾（當時稱漢城）開始出現代工廠，半農民和半工人占有很大比重。[48]

1921年工廠工人有49,000餘人，1925年增至80,000餘人，1930年達到102,000餘人。工廠大部分是日資。[49]

1918年有五十宗罷工，[50] 1920年勞動爭議有81宗，涉及4,599人，1930年罷工增至160宗，涉及近19,000人。[51]

巴黎和會前，美國總統威爾遜（Woodrow Wilson, 1856-1924）提出十四點和平原則，當中包括反殖民的民族自決原則，在韓國鼓舞了以天道教為主的宗教人士，和學生開始進行獨立運動。[52]

在上海的「新韓青年」黨員呂運亨（1886-1947）、首爾《東亞日報》的特派記者張德秀（1894-1947）和教育者金奎植（1881-1950）等積極謀求外交獨立。[53]

1918年，日本在韓國部署了1,825個憲兵警察機關，憲兵警察兩萬人，憲兵輔助員兩萬人，並於1912年已經逮捕了五萬韓國人。[54]可見朝鮮人爭獨立的危險度。

1919年，朝鮮高宗過世，而廣泛流傳高宗是被日本毒殺的，使得除了留學生之外，本土的佛教、天道教與基督教等也予以呼應，並且決定於3月3日公開發表《獨立宣言書》。

3月1日，高宗出殯，數十萬勞動者和學生匯集在首爾。朝鮮

---

[48] 高麗大學校國史研究室著：《新編韓國史》（濟南：山東大學，2010），第210頁。

[49] 具海根著：《韓國工人》（北京：社會科學文獻，2004），第31頁。

[50] 中央黨校國際工人運動史教材室編著：《國際工人運動史》，第228-229頁。

[51] 具海根著：《韓國工人》，第31頁。

[52] 共同編寫委員會：《東亞三國的近現代史》（北京，社會科學文獻，2005），第78頁。

[53] 董向榮編著《韓國》（北京，社會科學文獻，2005），第65頁。

[54] 朱立熙編著：《韓國史》（台北：三民書局，2003），第176頁。

人為何如此大動作，是希望列國出手迫日本讓朝鮮復國，[55]可是當時局勢不足以利誘列強如此做。

以天道教教主孫秉熙（1861-1922）為首的基督教、天道教、佛教與地主、資產階級知識分子和宗教界等代表共33人，公開發表《獨立宣言書》，宣布「朝鮮為獨立的國家，朝鮮人為自主的人民」，主張「韓國獨立，才能實現與貢獻東洋的和平與人類的正義」，並派人把《獨立宣言書》送給日本政府、朝鮮總督府、巴黎和會和美國總統威爾遜等。他們還致電警務總監報告自己所在的地方，表示會以溫和手段來爭取獨立，日本憲兵卻絕不手軟地將他們全部拘捕。[56] 韓國的社會運動一直都有宗教人士參加。

在首爾市中心塔洞公園聚集了兩萬餘市民，天道教青年鄭在鎔（？）登台誦讀《獨立宣言書》，引起了一般市民的跟隨與發生騷動，群眾高呼「獨立萬歲」的口號，並示威遊行。

運動以和平方式進行，參加罷工、罷市和罷課的人數達三十餘萬人，朝鮮西北部的平壤也有示威活動，及後遍布全朝鮮半島，成為全民族運動，部分人自發拿起武器來抗爭，小部分轉為武起義，稱為「三一運動」，[57]中國五四運動受它影響而爆發。

日本以陸海軍恣意進行鎮壓屠殺，兩個月後，獨立運動才被壓制下來。朝鮮人的呼聲亦得不到國際的聲援，三一運動參加人數達兩百萬人，示威場次達一千多次，全國218個郡有210個參加了，在中國、蘇聯和美國的韓國僑民都有舉行獨立宣言儀式。三

[55] 楊益等著：《你一定想看的韓國史》，第309頁。

[56] 董向榮編著《韓國》，第65頁。楊益等著：《你一定想看的韓國史》，第310頁。朱立熙編著：《韓國史》，第178-179頁。

[57] 中央黨校國際工人運動史教材室編著：《國際工人運動史》，第229頁。

一運動中有7,509人死亡，1.6萬人受傷，4.6萬人被捕。[58]

在中國和蘇聯的朝鮮獨立軍返回韓國與日軍展開戰鬥。中國知識分子和學生在中國廣泛傳播三一運動消息，呼籲反日鬥爭，支持獨立運動。[59]

日本統治朝鮮半島的方式也因三一運動，改為文治主義為主的懷柔政策，推行「文化政治」的民族分裂政策。[60]

米騷動後，日本在朝鮮大量投資農業，改良耕種技術。因而朝鮮的食米產量有一半運去日本出售，以保障日本的食米供應，令韓國收入有所增加，但韓國卻出現食米不足的情況，要從中國東北輸入粟米（玉蜀黍）和豆類作為糧食。韓國經濟史學者李榮薰（1951-？）於2006年發表的統計資料，顯示日治的1910-1940年間，韓國人口增加了，經濟年均增長為2.4%。[61]在這個問題上，不是簡單的好壞問題，而是為何會如此。

日治頭十年，罷工侷限主要城市，1920年代，女工開始主導罷工，主要是要求加薪和減工時。[62]

1920年，工人和農民的全國性組織「朝鮮勞動共濟會」成立。1922年「朝鮮勞動聯盟會」成立。1924年「朝鮮勞農總同盟」成立，提出綱領：「希望建設澈底解放工人和農民階級的新社會。」下屬260個工人和農民團體，會員53,000餘人，工農一起進行革命活動。1927年9月，分開為朝鮮勞動總同盟和朝鮮農民總同盟兩個組織，其後下屬織也改組為工會和農會。[63]

---

[58] 朱立熙編著：《韓國史》，第178-179頁。
[59] 共同編寫委員會：《東亞三國的近現代史》，第79頁。
[60] 朱立熙編著：《韓國史》，第180-182頁。
[61] 同上。
[62] 高麗大學校國史研究室著：《新編韓國史》（濟南：山東大學，2010），第245頁。
[63] 高麗大學校國史研究室著：《新編韓國史》，第252頁。

1926年6月，朝鮮最後一位國王純宗逝世，爆發「六・十萬歲反日運動」，數萬學生沿途送殯，高呼「大韓獨立萬歲」，秩序出現混亂，一千餘人被捕。[64]

1929年1月，北韓東部元山（遠山）兩千餘石油工人舉行罷工，抗議日本監工毒打工人，影響擴大至全國，運輸和碼頭等24個行業工人起而響應，罷工者提出實行八小時工作制、自由組織工會等要求，後形成政治總罷工。為期三個月，不僅是經濟鬥爭，且是反殖獨立運動，4月被日韓政府軍警強力鎮壓下去，工運走入地下活動，這宗罷工與共產主義運動有密切聯繫。[65]它亦是1930年代朝鮮民族解放運動普遍高漲的信號。

元山罷工得到全國勞動者的響應，各工會籌集資金支持罷工者，農民送來了大米和其他食品，宗主國日本許多企業工人收集資金作為元山罷工基金，在咸興、北青和其他城市發生同情罷工。[66]

同年光州爆發學生抗日運動，要求改善教育制度，全國兩千多間學校，54,000餘名學生參加，1,642人被捕，近3,000人退學或被停學，學運走向停滯。[67]

1930年代，日本為了戰爭，在韓大力發展工業開採礦山，韓產業轉以工礦為主。[68]

進入1930年代，日本要應付經濟大恐慌，構建自給自足的封閉經濟體系，把新占領的東北與韓國聯成一體，建立日圓圈。

---

[64] 朱立熙編著：《韓國史》，第184頁。

[65] 高麗大學校國史研究室著：《新編韓國史》，第245頁。具海根著：《韓國工人》，第31頁。

[66] 蘇共中央直屬高級黨校國際工人運動和民族解放運動史教研室編：《國際工人運動和民族解放運動史》，第2卷（北京：三聯書店，1964），第566-567頁。

[67] 朱立熙編著：《韓國史》，第184-185頁。高麗大學校國史研究室著：《新編韓國史》，第254-255頁。

[68] 朱立熙編著：《韓國史》，第181-182頁。

1931年4月日本推出《重要產業統制法》，直至1937年才把這計畫引入韓國，但沒有引入日本的《工廠法》。日本推出《重要產業統制法》，不適應此法的資金流入韓國。[69]

日本由於戰爭需要，在朝鮮擴大與軍需有關的工業和礦業投資，韓國工人數量大增，機工也占重要地位。1937年日圓圈的黃金五成在朝鮮生產，朝鮮的黃金產量占全國礦產量總額的三分之一。[70]

1939年，韓國工業以重工業和化工業為主，但家庭工業生產量仍占工業總生產量的五分之一。1942至1943年工業總生量下降了五分之一，輸出也減少，但工廠不斷增加，足見開工率下降。[71]

1937-1940年間，工人和技術人員數量下降，從2.7%下降至3.5%。1942年韓國技術人員占80%，[72]機工再占重要地位。

1945年8月，韓國從日本殖民統治下光復，工運走向地面，日漸強大，機工在工運中的地位日重。

「朝鮮工會全國評議會」成立，提出實行最低工資制度，八小時工作制。朝鮮工會全國評議會成員主要來自左派，有屬會1,140間，會員五十餘萬人。1945年12月全國農會總聯盟成立，屬會239間，會員三百餘萬人。

1946年9月24日，釜山鐵路工人罷工，要求增加工資，改善勞動條件和配給糧食等。隨後出版、郵政、交通、食品和電力工人也參加罷工，罷工工人達二十餘萬人。朝鮮工會全國評議會提出政治要求，釋放左翼領導人，打擊恐怖行動。美軍政府動員軍警鎮壓罷工。

[69] 高麗大學校國史研究室著：《新編韓國史》，第243頁。
[70] 同上，第244頁。
[71] 同上，第244-245頁。
[72] 同上，第245頁。

1947年1月的鐵路大罷工，左右翼工人組織發生血腥暴力打鬥，罷工在數百共產主義工人領袖被殺而結束，更有被處決，數千人被監禁。[73] 1947年3月美軍進一步宣布韓國共產黨是非法組織，工運走入低谷。[74]

1974年9月，蔚山「現代造船廠」2,500名工人進行抗爭，要求增加工資，不准無理解僱，保障工會等。沒有工會組織的紡織業、金屬業和化工業也組織民主工會。教會和大學生介入工運，培訓工人領袖。[75]第二次世界大戰後，韓國機工在工運上占有重要角色。

中國機工工運

列強入侵中國後，外國資本也跟著湧入，英資於1853年在廣州黃埔開設「于仁船塢」，有全套修理輪船和蒸汽機設備，並僱用中國工人，[76]該廠是中國最早使用現代機器的企業，廠內工人也應是中國第一批現代工人和現代機器工人。

清廷面對外資湧入，以洋務運動抗衡，進行工業機械化，機工因而冒現，數量不斷擴大。1913年5月，漢陽兵工廠因工資使用紙幣官票，紙幣跌價，工人不滿而罷工一日。[77]

---

[73] 具海根著：《韓國工人》，第32頁。

[74] 同上。

[75] 高麗大學校國史研究室著：《新編韓國史》第285頁。

[76] 廣州工人運動史研究委員會辦公室編：《廣州工人運動大事記》（廣州：1995），第3-4頁。廣州工人運動史研究委員會辦工室：《廣州工人運動簡史（初稿）》（廣州：1988），第4頁。

[77] 華崗著：《中國大革命史》（北京：文史資料，1982），第45頁。續編編委會編：《中國勞工運動史》（一）（台北：文化大學勞工研究所，1984精裝增訂版），第一編第85-86頁。劉明逵等主編：《中國工人運動史》第一卷（廣州：廣東人民，1998），第366-368頁。

1919年中國工商部調查所得，全國約為180萬工人，礦山工人為53萬餘人，海員為四萬餘人，市政工人為一萬餘人，農業工人不知，政府直轄工廠工人為三萬餘人，交通部鐵路工人為七萬餘人，所屬工廠工人為一萬餘人，製造業為64萬人，另手工業為有一千萬餘人，製造業中從事機械及器具製造的工人為1.6萬餘人。[78]

1930年，上海有機器製造工人總數為7,646人，男工為5,278人，女工為499人，童工為1,869人。[79]

1920年，《中國勞動年鑑》資料，全中國有工廠6,524間，工人413,940人。另據農商部資料，礦工有59萬餘人，《工人旬報》資料交通工人有二十萬人。[80]

1920年中國機器廠工人數表

業別	工人數量
鐵工	200,000
電工	100,000
造船工	25,000
洋灰工	25,000
麵粉工	15,000
火柴	90,000
運輸工	500,000
印刷工	80,000
紡織工	160,000
繅絲工	100,000

78 鄧中夏：〈我們的力量〉，載中華全國總工會幹部學校等編：《中國工人運動史參考資料》（一）（北京：1980），第129-132頁。

79 池子華著：《近代中國「打工妹」群體研究》（北京：社會科學，2015），第29頁。

80 華崗著：《1925-1927中國大革命史》，第45頁。

業別	工人數量
製煙工	130,000
製革工	10,000
工人總計	1,435,000
機工人數	325,000

資料來源：華崗著：《1925-1927中國大革命史》（北京：文史資料，1982），第42頁，引《中國勞動年鑑》。本表格工人總數原文是1,460,000，與筆者計算不同，機工人數是筆者加上的。

1919年中國五四運動時，上海全市三罷，學生罷課，商人罷市和工人罷工。罷工的機工有：江南造船廠2,000工人，法商「求新機器廠」全廠3,000人，「銳利機器廠」全體工人，英商「瑞鎔船廠」，英商「祥生鐵廠」全體工人，吳淞張華濱，滬寧、杭涌鐵路總總機廠全體工人，日暉橋「興發榮機器造船廠」，英商電車公司機器工人，英商耶松老船塢和銅鐵業機器5,000工人等。[81]據統計罷工產業人數為86,000人，城市小工業和手工業工人及店員23,000人，總人數達11萬人。當中機工有十三、四萬人。[82]

五四後，上海出現一批以全國為名的招牌工會，如「中華工業協進會」、「中華工會」、「中華工界志成會」、「中華全國工業協進會」、「上海電器工界聯合會」、「上海船務棧房工界聯合會」等。上海電器工界聯合會會員多為外商企業、洋行、電料行、絲廠的電器工人，上海船務棧房工界聯合會會員為廣東籍輪船乘務員，機工、棧房工頭和裝卸工等。[83]

---

[81] 中華全國總工會幹部學校等編：《中國工人運動史參考資料》（一），第9-35頁。

[82] 沈以行等主編：《中國工運史論》（瀋陽：遼寧人民，1996），第64-68頁。

[83] 高愛娣編著：《中國工人運動史》（北京：中國勞動社會保障，2008），第75-76頁。沈以行等主編：《中國工運史論》，第96-124頁。

早在1909年5月，廣東機工在廣州成立「廣東機器研究公會」，宗旨是：「結合團體，研究機器事業」，是勞資混合組織。1912年5月改名為「廣東機器研究總會」。[84]

1920年代，廣東的機工組織有「均和安機器廠」和「協同和機器廠」工人成立的「互勞俱樂部」，粵漢鐵路機廠成立的「工餘群旅俱樂部」和「群藝工社」，廣三路有「職工養志團」，廣九路有「維機俱樂部」，河南尾機工有「覺然俱樂部」，電燈局有「互聯俱樂部」，電話局有「競進俱樂部」，機器打鐵工人有「佐勞俱樂部」，士敏土廠有有「敏機俱樂部」，補爐工人有「憩勞俱樂部」，造幣廠工人有「研藝俱樂部」，機器木樣工人有「木樣工社」，佛山敏勵別墅和鑄造研究分所及樂從等工人有「絡勞俱樂部」，陳村工人有「活勞俱樂部」，大良工人有「維勞俱樂部」，石龍工人有「藝同俱樂部」，江門工人有「研機俱樂部」，中山工人有「機電學社」，台山工人有「台山分部」。1921年，以上各組織聯合成立「廣東機器工人維持會」，1926年改組為「廣東機器工會」。[85]這些工人組織大部分與無政府主義者有關，不知是否受廣東機工的影響，接著在北方鐵路成立的工人組織，都以俱樂部為名。

廣東機器工會在兩廣的番禺、中山、南海、順德、南莞、新會、曲江、台山、汕頭、惠陽、湛江和合浦等二十多個縣市有支部。還有行業支部，如錘鐵科支會、電業科支會、鑄造科支會、火柴業支會、汽車業支會、機械界木支會；分支會下設分部，如先施公司天台的遊樂場機工屬機械工會第一分會第二分部。會員

[84] 廣州工人運動史研究委員會辦公室編：《廣州工人運動大事記》（廣州：？，1995），第17頁。

[85] 陳衛民著：〈「南方工會」初探〉，載沈以行等主編：《中國工運史論》（瀋陽：遼寧人民，1996），第189-190頁。

如轉移工作單位，必須先向原屬分支會登記，上報總會審核註冊後發給證明書，才可以轉移工作單位。可見廣東機器工會的力量頗大，基層組織完善。因此，僱主只能僱用該會會員。[86]

廣東機器工會也曾籌股開設工人生產合作社，安置失業工人，更辦有醫療、教育、儲蓄、保險和娛樂等福利事業。中共也認為它是組織良好的工會。[87]

新文化旗手陳獨秀南下廣州，認為機器工人比較進步，試辦工人夜校，參加者有一百人。[88]

廣東機器工人除了在廣東有健全的工會組織外，也遍布全國，馬超俊在工人中宣傳革命時，也藉同鄉關係進入機器廠工作。[89]「全國鐵路總工會」第一任委員長鄧培是廣東機工，京奉路「唐山製造廠」工人，領導開灤煤礦大罷工，並曾見過列寧。

1923年的二七大罷工被害的工人領袖中，林祥謙（1892-1923）是鉗工，福州馬尾造船廠出身；被捕的康景星（1889-1932）是長辛店鉚工。香港著名的機器工人領袖有羅登賢（1905-1933）是鉗工，中共六屆中央政治局委員。

中共成立一年後，成立的機器工人的工會有北京的京漢鐵路和京綏鐵路工會，武漢的「京漢鐵路工人俱樂部」和「揚子江鐵廠工會」，長沙的「粵漢鐵路工人俱樂部」和「萍鄉路礦工人俱樂部」等。[90] 1922年，中共定立要開展的工運計畫，機器工人是重要目標之一，準備成立鐵路、海員、電器、機器和紡紗等五個

---

86 陳衛民著：〈「南方工會」再探〉，第192-193頁。
87 陳衛民著：〈「南方工會」再探〉，第193頁。
88 唐寶林著：《陳獨秀全傳》（香港：中文大學，2011），第187頁。
89 參閱本書的〈機工元老——馬超俊〉。
90 唐寶林著：《陳獨秀全傳》，第213頁。

全國產業組織。[91]最後只成立了鐵路總工會，拉攏了海員工會，其他成績不大。

國民黨也成立全國性的機器工會——「中國機器總工會」。

1921年中國機器工會各地會員人數

城市	人數
廣州	16,900
香港	12,300
澳門	850
梧州、南寧、桂林、柳州	1,800
汕頭、廈門、福州	750
江西	300
漢口、漢陽	1,300
雲南	550
上海	3,300
天津、唐山、卡爾甘、奉天（瀋陽）、綏遠（張家口）	5,580
新加坡、吉隆坡、河內等地	8,500
加爾哥答、孟買	1,500
巴達維亞（今雅加達）、德里等	27,200
暹羅（指曼谷）	26,500
西貢（今胡志明市）等	5,900
菲律賓	2,800
泰國	850
總計	116,880

資料來源：黃凌霜著：〈廣州機器工會代表黃凌霜的報告〉，載：《上海革命史資料與研究》第7輯（上海，上海古藉，2007），第746-747頁。表中總計與原文有出入，原文為156,600，不知原因在何。

[91] 中央黨史研究室第一研究部編：《共產國際、聯共（布）與中國革命文獻資料選輯（1917-1925）》（北京：北京圖書館，1997），第310頁。

二七罷工後，接著在中國工運擔任重要角色的是紡織工人，掀起了五卅運動，日後郵務、出版和製煙工人在工運中日具重要性。

台灣機工工運

台最早的工潮是1898年8月，台北艋舺箱丁與檢番店有財務糾紛，擴大為全體箱丁罷工。[92]

1905年台灣工資表

職業	日薪		
	日人	台人	沖繩人
木工及木匠	1圓30錢	70錢	45錢
石工及製磚師	1圓80錢	70錢	40錢
桶匠	1圓	60錢	35錢
船匠	1圓30錢	70錢	40錢
鐵匠	2圓	80錢	15錢
雕刻師	80錢	70錢	--
彈棉花工	--	--	30錢
農作女工	--	22錢厘	--
割稻工	--	52錢	20錢
日薪零工	72錢	20錢	20錢
通訊局勤務女工	25-75錢	--	--
月薪婦女	月薪6圓	月薪3圓	--

資料來源：竹中信子著：《日本女人在台灣（明治篇）》（台北：時報文化，2007），第248頁。

上表可見台普遍工人工資情況，也可見不同族群間工資的差

[92] 蔣闊宇著：《全島總罷工》（台北：前衛出版，2020），第330頁。

別。男女工的情況看下文的闡述。

一戰後台經濟繁榮，大興土木，勞工不足，基隆有三百名日裔女工操作機械搬運炭，工作由早上6時至黃昏5時，共11小時，日薪70-120錢。郵局以男工的三分之一工資僱用女工。[93]

1903年台灣第一間工會成立——「台北大工組合」，接著是1918年「台南職工組合」，1920年三個台北印刷工組合成立，並於1923年發動320人罷工；1922年有台北塌塌米工人的「疊職工組合」，1924年有「華僑靴工組合」。[94]

機工抗爭方面，最早是1913年9月，「台北輕鐵株式會社」七十餘人罷工，原因不詳，可能遭流氓毆打。[95]

1918年2月，「東京電機器具製造株式會社」台灣工場職工罷工，因數名職工被解僱，資方補充勞動力繼續營業。[96]

1919年7月，打狗鐵道部鐵工所台人及日人200人聯合要求加薪，達成協議加薪五成，病假有薪，因病不能工作有慰問金。[97]

1921年7月，高雄「台灣鐵工所」台人260人與日人20人聯合罷工，要求確保工作權。[98]

經一番鬥爭後工人組織起來，1927年4月3日，「高雄機械工會」舉行成立大會，會議全程受警方嚴密監控，600名會員到場不足300人，警方多番中止台上發言。[99]

---

[93] 竹中信子著：《日本女人在台灣（大正篇）》（台北：時報文化，2007），第188-190頁。
[94] 蔣闊宇著：《全島總罷工》，第61、105頁。
[95] 同上，第334頁。
[96] 同上。
[97] 同上，第337頁。
[98] 同上，第339-340頁。
[99] 同上，第77-12頁。

1927年4月4日，台灣鐵工所員工王風拒絕參加融合會，被資方以專業不振和不良為藉口解僱，當晚高雄機械工會召集三百餘名工人開會商討對策。決議要求王風復職，否則全廠員工總辭，即是罷工。4月5日，已有工人開始怠工，工人代表郭清和陳良等見廠長，要求承認工會，解僱員工要事先要通知工會，廠方予以拒絕，雙方不歡而散。「高雄機械工會」決定後日全廠員工總辭，同向「臺灣文化協會」和「臺灣農民組合」，及各方友好團體請求支援。百餘員工呈交辭職申請。[100]

4月7日，全廠一百六十餘名台人員工中有120名員工罷工。接著連日有各方友好派人到場支援，有臺灣農民組合東港支部、「台北機械工會」林清海、臺灣文化協會台北支部連溫卿和洪石柱等，陪同罷工工人向資方提出要求。友好團體並進行籌款支援，台南機械工會籌集得兩百多元給高雄機械工會。東港及潮州農民組合寄來白米二十袋。[101]

4月9日，台灣機械工會台北總部在臺灣文化協會港町文化講座舉辦同情罷工講座，有兩千餘名聽眾出席，講者有陳樹枝、王江崑、黃麒麟、鄭玉樹、朱興照、「台北木工工友會」王錦塗、「塗工工友會」楊添興、蔡水和台灣機械工會白金池等，多數是工人出身的北部新興工會幹部。[102]

台北機械工會呼籲工友，不要去高雄代替罷工工人的工作崗位。[103]

臺灣農民組合發出聲明支持，指台灣鐵工所的投資者與台灣糖廠的投資者重疊，故台灣鐵工所也是農民的敵人，即是工農的

[100] 同上，第77-78頁。
[101] 同上，第78頁。
[102] 同上，第79頁。
[103] 同上，第79-80頁。

共同敵人，並通知各農民募集糧食支援罷工。[104]據資料台灣鐵工所共有14個股東單位，持股量最多是「鈴木商店」的「田中鐵工所」神戶製鋼所，其餘13個持股單位都是糖廠，其總持股量超過半數，可見持股者重疊情況。[105]

4月是鐵工所淡季，至5-6月糠廠休息鐵工所就忙過不停，故工會早已決定部署長期鬥爭，向各方籌募長期鬥爭經費。[106]

罷工最重要組織者之一臺灣文化協會連溫卿（1894-1957）主張，採取共產黨的工農聯合方式進行鬥爭。[107]種甘蔗產糖與機械工人密不可分，日糖業資本投入農業、糖業和機械業（金屬業）。

1920年代中，農民抗爭已遍布全台，糖廠工人差不多一動也不動，機械工人則開始蠢蠢欲動。[108]

鐵工所罷工後，勞工開始與反日知識分子建立關係網絡，工人階級的自發性與知識分子的自覺性結合。[109]

1927年4月16日，鐵工所解僱113名罷工工人，聲明隔日將發放儲蓄存款和未支付工資，言下之意是繼續罷工視作離職。高雄機械工會繼續發放生活費和食物給罷工工人，以進行長期鬥爭。在這一僵持局面下，連溫卿提出全台總罷工，高雄機械工會遂呼籲全台工人總罷工。4月21日，以文化協會和臺灣農民組合網絡，開始進行全台演講呼籲於4月22日全台總同盟罷工開始，支援鐵工所罷工工人。在台南、高雄和嘉義等地，機械工會的演講

[104] 蔡石山編著：《滄桑十年》（台北：遠流出版，2012），第311頁。蔣闊宇著：《全島總罷工》，第81-82頁。
[105] 蔣闊宇著：《全島總罷工》，第82-83頁。
[106] 同上，第86-87頁。
[107] 同上，第87頁。
[108] 同上，第88頁。
[109] 同上，第21頁。

遭警員驅散，連溫卿和洪石柱在屏東被捕，「台南機械工會」的郭盈昌、陳良和其他五名工人，及嘉義演講者以流動方式進行，因而沒有人被捕。[110]

1927年4月22日，全台大罷工爆發，基隆、台北、桃園、新竹、苑裡、通霄、苗栗、彰化、豐原、台中、嘉義、台南、高雄和屏東等都有工人響應進行罷工，罷工工人遍布六十多間工廠，四千餘人，占全台工廠工人7.4%，警方拘押了130餘人。[111]

罷工工廠有：台北「日華紡織株式會社」等紡織廠、「台北印刷從業員組合」，及鐵工所、台南多間鐵工所和高雄水泥工場等，嘉義營林所大罷工，台北人力車工潮。[112]

5月上旬，地方人士「新興製糖廠」股東陳光燦出面，與鐵工所資方調停罷工。新興製糖廠是鐵工所股東之一，調停沒有任何進展後，警方介入仲裁，冀以自由和正義之名破壞工人團結。這時部分罷工工友接受資方的結算工資，資方就僱用新工代替其他罷工工人，警方則逮捕工會幹部。[113]

面對日漸嚴峻的局面，救濟部以八名工人委員組成罷工行商團，作長期抗爭，販賣生活日用品，以盈利維持罷工工人基本生活，這活動也遭警方打壓。其後又組成由勞方獨資經營的工友鐵工所，開拓資金來源。這時臺灣文化協會和臺灣農民組合多人被捕，部分人是罷工領導者。[114]

總罷工前，台北「日華紡織株式會社」工人對外已成立，支援高雄鐵工所罷工團，對內正醞釀進行減工時鬥爭，所以參加總

[110] 同上，第89-90頁。
[111] 同上，第90-93頁。
[112] 同上，第71頁。
[113] 同上，第112-121頁。
[114] 同上。

罷工有內外因素。總罷工後於5月19日，第二次因內因再罷工，要求加薪減工時，不准無理解僱。兩百餘名工人離廠上街示威遊行，遭警方解散。廠方以關廠對付罷工，把罷工工人視為自動離職。「臺灣工友協助會」出面協助罷工工人，罷工工人進一步要求集體談判權，廠方直接拒絕。6月工人生活陷困境，部分女工只好復職，廠方亦招聘了新工人到廠開工。罷工雖失敗結束，不久，廠方略為改善工資及工時。[115]

接下來，1927年6月，台北印刷工人罷工兩天，7月6日罷工再起，至8月初罷工工人現疲態，台北木工工友會會長王錦塗出面調停，提出的條件倒退至5月的情況，警方也介入調停。8月17日勞資再簽訂集體協議，8月20日，工人復工結束罷工。及後，台北印刷從業員組合左右派分裂，左派另組台北印刷工會。[116]

嘉義營林所參加全台大罷工後，工會逐漸成型，資方加以打壓，解僱組織者曾金泉和許城兩人。5月底，資方要求所有員工每天要到貯木場集合點名，因廠區面積廣濶，部分員工路程長而反對，資方因而再解僱工人。5月27日下午，214名工人退出工廠去包圍營林所。5月29日，數百名製材工人罷工，接著阿里山數百名伐木工人也罷工，專賣局製酒工人亦罷工。5月31日，罷工總人數已達千餘人，形成整個林區大罷工。警察到場戒備，文化協會王敏川到嘉義支援，連溫卿與工會代表到總督府陳情，不得其門而入，於是郵寄請願信給營林所，提出要求全部員工復工，承認集體談判權，罷工期間要支付工資。工人在嘉義遊行，警察命令解散並拘控24人，家屬到群役所尋找丈夫，臺灣農民組合發

[115] 同上，第96-99頁。戴月芳著：《台灣的姊姊妹妹》（台北：五南圖書，2014），第036頁。
[116] 蔣闊宇著：《全島總罷工》，第105-112頁。

公開信支持罷工工人。6月初小部分工人復工，6月底營林所並不退縮並開始招聘新工人，臺灣文化協會台北支部為罷工工友籌募生活費。當年報刊沒有報導罷工結果，不知實情如何。[117]

其他較小規模的罷工有：

1927年4月，專賣局嘉義製酒工場60名女工罷工，抗議減薪獲勝。[118]苗栗油礦小型加薪罷工失敗，工會瓦解。[119]台北茶箱裱紙工人成立「台北裱箱工友會」。6月，茶箱工人加薪罷工勝利。[120]

10月，「台北砂利船友會」成立，砂利即砂礫。要求改善待遇罷工，達成協議。[121]

11月，豐原街「台灣製麻株式會社」女工反對減薪，和不供應中式飯餐發起罷工，迫使資方恢復供應中式飯餐。[122]

1927年，總督府計劃於5月1日起通行公共汽車，人力車夫感覺經營受威脅，決定團結一致抗爭，400名車夫於4月28日集會成立車夫會，宗旨是講究互助，要求當局限制公共汽車路線。警方解散車夫集會，禁止成立組織。4月30日車夫罷工，警方檢控罷工車夫20餘人，車夫每日捐出金錢供被捕者生活，最後車夫抗爭失敗。[123]

全台大罷工後工人紛紛組織工會。6月7日，「新竹木工工友會」成立，於9月發動一場小型加薪罷工勝利。[124]

---

[117] 同上，第99-103頁。
[118] 戴月芳著：《台灣的姊姊妹妹》，第036頁。
[119] 蔣闊宇著：《全島總罷工》，第134頁。
[120] 同上，第135-136頁。
[121] 同上，第136-138頁。
[122] 戴月芳著：《台灣的姊姊妹妹》，第036頁。
[123] 蔣闊宇著：《全島總罷工》，第1103-105頁。
[124] 同上，第128-131頁。

7月10日，「臺灣民眾黨」成立，由蔣渭水和蔡培火領導，提出「扶助工農團體之發達」的原則，推行以工農階級為礎的民族運動。[125]重心工作放在工運上，扶植南北各地土木工友會、石工工友會、店員會、洋服工友會、機械工友會、塗工工友會和金銀細工工友會等。[126]

1928年1月1日，「臺灣機械工會聯合會」在台北成立，台北機械工會楊添杏出任議長。會上高呼：打倒帝國主義萬歲，無產階級團結站起來，朝鮮、日本、台灣勞工團結萬歲，世界大同團結萬歲和台灣機械工會萬歲等口號。綱領是「使勞工階級脫離資本主義制度的支配」。通過的議案有：1.實施工場衛生法；2.限制童工年齡；3.促進成立總工會；4.制定最低工資法；5.限制勞動時間；6.確立罷工權；7.購讀無產階級新聞；8.反對現行經濟政策；9.救濟失業者；10.設置聯絡機關；11.支持勞動農民黨；12.撤廢惡法。[127]

接下來，機工較大規模的罷工有：1928年高雄機械工大罷工，失敗結束。[128] 6月1日海山礦工反剝削罷工，四百餘名礦工參加，並於6月12日二度罷工，罷工中成立「海山鑛夫組合」，有九千餘人出席成立大會，罷工無下文。[129] 1933年7月，基隆平津鐵工欠薪千多圓罷工，資方答允要求，工人復工。[130] 1939年11月，高雄旗後某造船廠70名工人罷工，因工資問題，警方調停後，工人復工。[131]

---

[125] 許介鱗編著：《台灣史記》3（台北：文英堂出版，2007），第35-47頁。
[126] 陳翠蓮著：《自治之夢》（台北：春山出版，2020），第172頁。
[127] 蔣闊宇著：《全島總罷工》，第151-154頁。
[128] 許介鱗編著：《台灣史記》3（台北：文英堂出版，2007），第66頁。
[129] 蔣闊宇著：《全島總罷工》，第155-156頁。
[130] 同上，第347頁。
[131] 同上，第353頁。

香港機工工運

1842年英國占領港島後，大力發展港口設善，修船是重點工業之一，因此1884年中法戰爭中，受損的法國戰艦也開往香港維修，黃埔船塢機工罷工拒絕修理，引來一場全港反法運動，中環更有小型騷亂。

接著中國進入反清革命，香港不少機工參加了這一場革命。

其後香港工業進行機器化，機器工人日多，遍及各行業和各廠，輪船上也有不少機工，地位也日重，為香港繁榮作出巨大貢獻。

1920年，全港機器工人發起第一次大罷工，取得大勝，且有很大影響。帶動了香港第一次成立工會潮，各業工人紛紛提出經濟要求，令全港工人生活得以改善。當中以1922年海員大罷工最具影響力。

當時上海的報刊對這宗機工罷工影響評論說，罷工似傳染病已經傳入遠東，擔心上海會受影響，呼籲當局要防範未然。[132]

1947年，機器工人發起第二次全港大罷工，要求加薪，得到小勝。

1959年海軍船塢關閉，在工會爭取下，大部分工人得到安置，對社會影響不大。及後香港經濟轉型，改以服務業為主，機工的人數日減，地位日下。

世界各國工運絕大部分是由經濟鬥爭走進政治鬥爭，但香港機工則不同，未成立工會前已經參加反清政治運動，這些政治運

[132] 馬冠堯著：《車水馬龍》（香港：三聯書店，2016），第136-137頁。

動與工人階級鬥爭直接關係不大。然後才是經濟鬥爭。香港機工第一宗罷工已經是政治罷工。

總結

綜合上述工潮所見，日本人的行動較激烈，常試圖以武力來達目的。辛亥革命時期，香港和廣東機工都有激烈武力行為，企圖以武裝起義和暗殺來改朝換代。台灣則走工農結合的道路，這是遠東工運的特色。

以上歷史所見，日台的印刷工人鬥爭也早，工資也高。

韓國工運的特色是與民主運動結合，學生和宗教界人士的參與。是工運社運化的典型，千禧年左右香港獨立工會多番去取經。

台灣全島工人大罷工，由機器工人牽動出來，這是1920年代罷工的特色之一，以罷工來支持罷工。現這是不可能的事，因為已經立法規定同盟罷工是違法行為。

第二部分
華機式微

華機會前理事曾常訪問

訪問日期：2020年11月3日

地　　點：香港機電專業學校（灣仔軒尼詩道68-76號新禧大樓3樓A-E座）

被訪問者：曾常先生

訪 問 員：周奕先生

整　　理：梁寶龍先生

曾常先生。

【曾常簡歷】

曾常於1929年在廣州出生，1948年南下香港，1949年加入香港華人機器總工會（簡稱華機會），不久出任理事，1959年後出任福利部主任。訪問他的時候，精神很好，思維清晰，對答如流。

曾常已於2022年5月11日離世，享耆壽92歲。

初到香港

曾常於1929年12月16日在廣州出生，來港前在廣州從事玻璃鏡畫工作。1948年他來到香港，當時香港人浮於事，搵食（編按：即討生活）艱難，幸而他於1949年在上環「新世界戲院」覓得電影放映員（大偈）一職，月薪有150元，按下表資料以26日為一個月來計算月薪，1949年半熟練工人的日薪金為5-6元，即月薪為130-156元；熟練工人的日薪金為5.8-8.2元，即月薪為150.8-213.2元，曾常的薪金相當於半熟練工人的頂薪點，加上收入穩定，在打工仔來說算是不錯的職業了。

1946-1950年香港勞工日薪表

單位：港元

年份	熟練工人	半熟練工人	非練熟工人
1946	5.00-6.00	5.00-7.00	3.20-3.60
1947	5.00-8.00	5.00-7.00	3.50-4.00
1948	7.00-14.00	5.00-7.00	3.00-5.00
1949-1950	5.80-8.20	5.00-6.50	3.50-5.00

新世界戲院位於上環德輔道中近林士街，現址為維德廣場，

是香港最早的全華資戲院之一，創辦於1921年，至1981年因電影院生意萎縮關門拆卸。

加入華機會

曾常在新世界戲院工作不久，在周拾介紹下加入了華機會。華機會成立於清末1908年，會員範圍很廣泛，涵蓋十三科，分別是：1.工程科；2.測繪科；3.鑄造科；4.鎚鐵科；5.製機科；6.修勘科；7.窩造科；8.補釬科（或稱鎔銲科）；9.司機科；10.打銅科；11.電器科；12.木樣科；13.喉類科。可能因電影放影由馬達操作，所以放映員屬司機科，即是操作機械的人。

當時華機會號稱有三、四萬會員，遍布天星小輪、油麻地小輪、九廣鐵路、中西機器廠、太古船塢、黃埔船塢、海軍船塢及港燈公司等。

1940、1950年代華機會會章規定：「入會一次過繳基金五元，以後按月繳納月費一元，不得拖欠，如繳納全年月費者折收十元。但如有下列情況者得免繳月費：（甲）失業時期得准免繳納月費，但必須到會登記失業，如恢復工作時，則到會報告註銷，續繳月費。（乙）會員經過15年後如無欠交會費，而年齡達60歲者，得免繳月費。」另外，若是繳交一百元者可獲終身會籍，曾常考慮到經濟條件許可，遂繳交了一百元成為終身會員。

入會不久他就出任理事，1950年代，華機會設有福利部，曾常出任福利部主任，副主任是吳添，組員有百餘人；也曾擔任會員代表或監理事等。福利組是華機會屬下的一個組織，財政獨立運算，會員可自行選擇加入與否。有組員離世，各組員每人「科款」[133]五元，最高可以支付給死者家屬一千元。其後因參加的人數減少就解散了。這類組織很多工會都有辦理，一般稱為「帛金會」。

在電影院工作是沒有假期的，如有事不能上班，由同事互相調更。後來在工會為會員力爭下，才為業界爭取到勞工假期和其他加薪福利。

1947年十三科大罷工後，華機會部分會員離心，轉為加入新成立的工會，如「九龍船塢勞工聯合會」、「港九車床打磨職工會」等，華機會會員人數日漸減少，加上多家船塢大企業都有產業工會，部分具有雙重會籍的華機會會員不再向華機交會費，會費收入便大大減少，有一個時期，甚至令到華機會的受薪書記有時發不出薪金。

華機會雖於1920和1947年舉行過兩次大罷工，但一直以來的表現令人認為華機會是屬於親政府的。曾任多屆理事長的葉景任職九廣鐵路，屬公務員；而另一名出任多屆會長的韓文惠獲太平紳士銜。韓文惠且是「宏藝機器廠」東主，廠址在跑馬地禮頓山道45號，今為住宅區。

曾常就是在這個風雨飄移的時候參加了華機會，由於他願意付出又不計較個人得失，所以很快就參與華機會務，對華機會的一些歷史頗有所知。據曾常記憶，1970年代以前，華機會總會在中環干諾道中42號4樓（今通明大廈位置），曾有三個支部，第一支部於1941年10月5日成立，位於九龍彌敦道567號3樓（今銀座廣場位置），第二支部於1948年1月1日成立，位於西灣河筲箕灣道140號，即現在的麗灣大廈位置，是自置物業，後無錢補

133 「科款」是香港廣東俗語，有合資的意思。

地價，主要會員來自太古船塢，因會員減少，支會解散把樓宇賣掉。第三支部會址在紅磡觀音街，亦是自置物業，主要會員來自黃埔船塢，支會解散亦把樓宇賣掉。

1950年代尾，中環總會面對收購重建問題，在談判拆遷費時，發展商是香港知名人士郭贊，華機會遂向對方提出，華機會只是服務會員的團體，欠缺生財手段，可否高抬貴手，多付一些拆遷補償。對方以不能厚此薄彼婉拒，經一再說項，最後對方以個人名義捐款七千元解決問題，總算比左鄰右舍略高一些。

該個時期，香港拆遷成風，租金颷升，華機會手上有了一筆拆遷費，加上兩間支部物業出售的款項，財務可算稍為充裕，於是計劃購買一些交通較為方便的地方作會所。初期看中銅鑼灣軒尼詩道與波斯富街交界的軒尼詩大廈（即前中國國貨公司所在地）樓上，發展商是何賢。何賢是親中共商人，而華機會的政治姿態一直都是親國民黨的。發展商表示不准在大廈外懸掛國民政府旗幟，華機會只好作罷。遂於1962年轉購馬錦燦屬下的北角英皇道294號五洲大廈21樓C座。當時未有城市花園，窗前可以直望維多利亞港，風景好靚。單位面積有千多呎。這間會所一直保存至今，2000年後華機會出租部分空間作幫補會務運作經費。

1984年，就香港回歸問題的中英談判達成協議，在此前後，香港興起移民潮。於是理事們也在議論華機會的前途，因為當時會員不多，入不敷支，何況華機會一向是親台灣的。理事袁松慶提議可遷去台灣，經過袁松慶的聯絡，得到的回覆是台灣當局安排淡水新樓宇作為會址，但聲明不能掛出華機會招牌，既然不能掛招牌，華機會豈不是自行消失？理事們覺得此議不可行，因此遷台計畫胎死腹中，從此袁松慶就不再出現，而華機會就繼續支撐下去，延續至今。

華機會北角英皇道五洲大廈會址的招牌和會幟。圖片是筆者藏品。

義學

十年樹木，百年樹人。港人經歷了日治時代三年零八個月的苦難日子後，米字旗重新在香港升起。香港光復後百廢待興，人口激增，協助失學兒童成為社會最關切問題。戰前香港有學校1,128間，適齡學童11.9萬人，戰後僅有學校六百多間，只能收容中小學生九萬餘人。1947年香港有一百七十五萬餘人口，教育設施遠不能滿足市民基本需要，早年港英政府只有少數公立中小學校，遠遠不能滿足需要，而民辦學校的收費不菲，基層難以負擔，以致青少年流浪街頭。為了解決這個急迫的社會問題，各界積極各謀良策解決問題。最大的工人子弟教育機構港九勞工子弟學校也是學額緊張，其餘不少工會都利用本會的會址來辦自己的工人子弟班，以抒緩大量青少年的失學問題。

起初華機會在上環開辦華人識字班，後改名為華人機器總工會子弟識字班，後來遷往中環總會。1948年1月1日華機會第二支會成立，同年第一及二支會均舉辦收費低廉的「會員子弟識字班」，管教幼童。

所謂「子弟識字班」其實是巧立名目，以示並非正式學校。若是依正教育條例，工會會址是不符合作為教育用途的。但是政府無力解決這個問題，只好裝作看不見。

華機會創立於1909年，1911年發展為四間夜校，供工人及其子弟入讀，分別在西灣河、灣仔、紅磡和旺角等。義務教員是創會者朱伯元、張耀和第一任會長蔡盈等，會內職員也出任義務教員。1921年開辦工讀夜校和漢文日校。所以和平之後繼續舉辦，直至中環會所遭到拆遷始結束。

軼事

1981年曾常就業的新世界戲院因拆遷而結業，曾常轉工到商行做採購，因為間中要返大陸聯繫工作，而華機會是掛青天白日旗的，為此他不再擔任華機會理事以避嫌，後來被聘為華機會顧問。有一段時間，閒暇時約會友在會所打麻雀、抽水食飯（編按：粵語，打麻將，並用贏得的賭金來吃飯），仍與華機會保持一定的聯繫。

早年華機會與國民黨關係密切，葉景和梁國光都是國民黨員。華機會的招牌得到國黨元老于右任題字，每年雙十節必大肆慶祝。重光後親國民黨工會以港九工團聯合總會（簡稱「工團」）為龍頭。但華機會一直沒有加入工團。工團曾派年輕幹部李國強親到華機會邀請加盟。華機會領導論資排輩，認為李國強是後輩，為何不是會長黃耀錦親身到來。按淪陷前華機會在工會界中地位不輕，受到港英政府和國民黨重視，現建會已過百年，而工團是於1948年才成立，自覺是老大哥，故沒有加入工團。

以上華機會不加入工團理由是後人對前人的推測，翻看華機會會刊，早在1953年第35屆會員代表大會上，華機會通過修改會章內容：「凡屬會員不得利用華機會或取巧將本會加入任何政黨或加入任何政治意味集團。」

在新世界戲院工作時，曾常有一件開心事，就是加開午夜場供女工收工來看電影。當時女工常加班工作，直至晚上11時才正式收工。新世界戲院於12時加開一場，令女工工餘有一個愉快的晚上。當然伙計們是延長了工作時間，不過院方亦發給加班費，大家開心。

後期補充：當日訪問時，曾常說看電影的是紗廠女工，由於新世界附近沒有紗廠故存疑，整理文章時用女工一詞。後來再問曾常，他回憶說：開場時間大概是深夜12時到凌晨1時左右，也記不起那些紗廠女工是哪裡工作的女工。另外有資料，當時是在荃灣一家戲院也有紗廠女工看午夜場電影，當時邱德根包戲院放映午夜場電影。

此稿經被訪問者審閱

2021年4月7日定稿

獨領風騷篇

從工運至粵港澳城市群——陳明銶教授治史特色

文／區志堅[1]

引言

陳明銶教授在香港培英中學求學，[2]曾入讀香港中文大學崇基書院一年級課程，後赴美升學，先後獲美國愛荷華州立大學社會科學學士、華盛頓大學歷史學碩士、史丹福大學歷史學博士，曾在史丹福大學胡佛研究所及加州大學洛杉磯校區歷史系任教研工作，自1980年秋至1997年夏天任教香港大學歷史系，更為香港中國近代史學會創會會員之一，1997年夏天後回美國，繼續在美國的史丹福大學胡佛研究所，從事研究工作，並往各大學短期任教。於1969至1970年在華盛頓大學就學期間，受治辛亥革命史的專家學者 Prof. Winston Hsieh 的啟迪及其指導下，展開研究中國工運的課題，並促成日後完成 *Historiography of The Chinese Labor Movement, 1895-1949: A Critical Survey and Bibliography* (California: Stanford University Press,1981)。及後，在史丹福大學 Prof. Lyman Van Slyke 的指導下於1971年完成 "The Study of the

---

1 區志堅任職於香港中國近代史學會／香港樹仁大學歷史系。

2 陳明銶著：〈序〉，載《龍總顯威：九龍總商會75年發展史》（香港：Nefire Limited，2014），第7頁。

Chinese Labor Movement, 1860-1927: A Preliminary Survey of Selected Chinese-Source Materials in the Hoover Library" 的學期論文功課，陳教授自言完成此學期論文，加強他對中國工人運動的了解，他又在美國的名師指導下，學習及運用Charles Tilly的「動員論」（Mobilization Theory），[3]自接觸「動員理論」後，陳教授更用此理論研究工運，又注意從工人生活的角度研究粵港工運的課題，並要脫離黨派的觀點研究工運，他於1975年在史丹福大學完成博士論文 "Labor and Empire: The Chinese Labor Movement in the Canton Delta,1895-1927"，陳教授研究中國工運的特色，用今天學術用語，即是從多元的時代背景及「工人主體性」的角度，關心工人的生活，不只強調政黨、政府、政策對工運的影響，更要注意社會及經濟等環境與工人互動的角度研究工運。陳教授研究工運史，除了開拓1970、1980年代研究工運的研究領域外，更推動研究區域的「愛國群眾動員」[4]的粵港工運史，及後陳教授由注意專題的粵港工運史，拓展至整個區域的粵港關係之歷史，進一步拓展至近現代粵港澳城市群互動關係的研究課題。[5]

---

[3] Ming K. Chan（陳明銶）著："Acknowledgements", *Historiography of The Chinese Labor Movement,1895-1949: A Critical Survey and Bibliography*. (California: Stanford University Press,1981), p xiii；參考陳明銶著：《落日香江紅——衛奕信政權的歷史挑戰》（香港：信報有限公司，1989）；陳明銶口述（區志堅訪問及整理）：〈陳明銶教授訪問稿〉（未刊稿）（2001年12月5日進行訪問，香港城市大學中國文化中心 "In Quest of China: Teaching Chinese Civilization in Hong Kong Universities, 1926 to the Present" 研究計畫，承蒙其時大學研究資助局（Research Grants Council）的資助，研究計畫：RGC Ref.No.9040560誠蒙鄭培凱教授允許運用此文稿）。

[4] 陳明銶著：〈前言：從「中國之世界城市」軟實力角度看香港特區〉，載陳明銶、鮑紹霖、麥勁生、區志堅等合編：《中國與世界之多元歷史探論》（香港：城市大學，2018），第xxvii頁。

[5] 陳明銶著：〈前言：從「中國之世界城市」軟實力角度看香港特區〉，第xxxi頁；參閱Larry Diamond：〈紀念故人：史丹福校內悼念會陳明銶三篇遺作研究澳門〉，hk.news.appiedaily.com（閱讀日期：2018年11月23日）。

從多元角度研究民國工運史

依陳教授談及他研究工運史與兒時生活有關，陳教授先祖為廣東新寧縣（今稱台山）陳宜禧先生，宜禧先生為旅美築路工人，後升為工程師助手，於1904年宜禧先生回中國，籌錢在新寧設鐵路，並於1911年建成整條全程一百二十餘公里的鐵路，[6]及後陳家後人於1940年代後期，移居香港，移居香港後的陳氏家人因從事工程及建築工作，更與其時在香港從事建築工程的名人余達之先生交往，明銶教授生於富商之家，1960年代初曾在農曆新年時，隨父母往澳門旅遊，孩童時的明銶教授在澳門葡京酒店的電梯與澳門富商何賢先生遇上，何先生即時給「利市」（紅包），陳教授雖生活在富有世家，他的父母也是極為照顧勞工利益，由是孩童時明銶教授，已對勞工生活感到很有好奇，他自言兒時的生活已種下對勞工研究的興趣。[7]

而他於1975的博士論文 "Labor and Empire: The Chinese Labor Movement in the Canton Delta,1895-1927" 為西方學術研究界研究廣東工運史的第一本著作，陳教授尤注意「傳統工人在現代化社會運動和革命行為中的角色」，並指出「民族主義、反帝國主義和經濟利益是工人醒覺、團結、奮鬥的主要動力」，向學界提出要從社會及經濟背景研究工運，[8]力求去除國共兩黨史觀書寫工運

---

[6] 有關陳宜禧先生與新寧鐵路建設的情況，見蔣祖緣等主編：《簡明廣東史》（廣東：廣東人民，2006），第523-524頁。

[7] 見余皓媛訪問及整理：〈陳明銶教授訪問稿〉（2018年9月，未刊稿）；參閱〈陳明銶教授致電林浩琛同學〉（2018年10月）。

[8] *Historiography of The Chinese Labor Movement,1895-1949: A Critical Survey and Bibliography*, p.3。

史。[9]

在陳教授研究中國勞工運動史之前，如陳達、陶孟和、林蔚、唐海等已展開對中國工運的研究，但他們的研究多是偏重工人生活的調查及勞工糾紛的統計分析，也有國民黨元老邵元沖等研究廣州政府的中國勞工法，卻多注意實際施行困難，雖有馬超俊較從客觀的角度研究中國工運史，仍流於從黨派觀點研究工運史。更重要是，不少研究工運史的成果，忽視了「富光榮革命傳統的廣州市」（陳明銶教授語）；另一方面，西方學者只有 Nym Wales〔本名海倫・斯諾（Helen F. Snow, 1907-1997）〕的*The Chinese Labor Movement*（《中國勞工運動史》，1945）一書，多強調中國工運的反帝國主義態度，尚未多注意中國工運發展的傳統因素。

明銶教授提出前人研究工運成果，多流於：

1. 自1949年至1970年代研究1949年前中國工運的成果，多未能從長遠的歷史發展過程研究工運發展，如未能注意鴉片戰爭後中國已有工運發展的形態，特別是廣東的工運；
2. 因中國傳統社會是一個非以工業社會為主的生活形態，而非農業勞工占全國勞動人口少數，工人「似乎微不足度」，特別是城市的工人，由是很多學者忽視研究城市工人的生活；
3. 勞工多集中在大城市及口岸，相對於農業社會，工人更未受到重視；
4. 不少學者錯誤地認為近代中國工運的歷史始源於1919年五四運動至1921年中國共產黨創立之時，學者更認為1927年

[9] 陳明銶著：〈中國勞工運動史研究〉，載六十年來中國近代史研究編輯委員會編：《六十年來中國近代史研究》下冊（台北：中央研究院近代史研究所，1988），第634頁。

中共的城市工人動員革命策略失敗，影響中國城市勞工也發生轉變而結束，「這種錯誤的觀察導致工運史可供研究的機會和時間範疇變得非常短暫和狹窄有限」；

5. 不少研究否定「工人只受資本主義影響」，忽視了工人愛國情操；
6. 研究工運的成果「深受現實政治和官方框定的意識所影響，未能平衡地充分發展，在質素和方法角度等層面頗有許多不足之處」，因此陳教授以多元的角度，力求去黨派的觀點及敘述框架研究工人運動，並重視傳統工人在現代化社會運動及革命行為中扮演的角色；
7. 陳教授肯定了城市工運對近現代中國史的影響：「1922年的海員罷工等等，都引起一連串波瀾壯闊的勞工運動，帶給國內、外不少衝擊，尤其是現代中國革命的歷程」。

陳教授早於1975年取得博士後，旋於1976年發表 “Traditional Guilds and Modern Labor Unions in South China: Historical Evolution”、1977 年的 “Labor in Modern and Contemporary China”、1979 年發表〈五四與工運〉及1985年發表〈孫中山先生與華南勞工運動之發展——民族主義、地方主義和革命動員〉等學術論文，實踐陳教授研究中國工運的論點。

其一，陳教授認為近代中國勞工運動早啟自鴉片戰爭後的廣東新式工業，工人運動是愛國主義運動，陳氏在〈五四與工運〉中已指出「近年來不少研究中國近代史的學者，對於中國勞工運動史產生一種普遍而基本的誤解，即以為近代中國勞工運動是源始於民國八年，係五四運動之產品；另一方面，部分學者又以為五四運動本是一個提倡新文化」，五四運動為一個新文化運動及學生運動，與社會狀況無直接關係，其實「五四運動與中國工運，亦有直接而重大的關係」，更重要的是，近代中國勞工運動乃啟自通商口岸和歸自海外的僑工，二者合力建立的新式工業，而「香港又漸從英國殖民地發展為遠東重要商埠，得風氣之先，故華南港粵工會運動，乃成為全國新式工業之先驅」。早於道光年間鴉片戰爭期間，廣州機房紡織工人已參加武裝抗英軍入侵的三元里事件；咸豐八年英法聯軍之役，更有兩萬多香港的市政工人抗議帝國主義入侵。光緒十年中法戰爭期間，香港船塢工人以罷工拒絕法國受創軍艦來香港維修，可見工人「存愛國之心」；光緒三十一年至三十二年，中國勞工爆發反美杯葛運動，抗議美國政府阻止華工赴美的禁令。此外，1895年漢陽鐵廠的粵籍工人集體罷工，抗議笞責工人，「中國工人的醒悟，也導致他們對國家社會的基本問題產生關切，從而逐漸參加實際行動」。而興中會於1895年組織排滿起義，也招聘工人參加，如機器工人及海員等，又因同盟會的領導者如孫中山等多為廣東人，故以同鄉關係，號召一些粵籍工人投身反清革命工作，如馬超俊，蘇兆徵等日後積極參與工人運動的人士，他們於辛亥革命時期，既是同盟會成員，也是來自中國沿海商埠的工廠工人、海員、碼頭工人、苦力及機器工人，由此可見「工人在反清革命中的貢獻，可以稱作他們本身的覺醒，他們受到政治環境與民族意識的薰染，而作出強而有力的實際行動」。民國元年，漢陽工廠罷工及廣東順德有五千名絲廠女工罷工，已見「因為工人要求增加工資或減少工時，這證明了工人已能利用時機，為爭取經濟利益而大規模地進行集體反抗」；因為五四運動前已有工運，由是五四運動應是「促進」知識分子注意中國勞工問題和缺乏普遍同情的勞動者，「五四時期可算是中國勞工運動『黃金時代』的開端」，五四後青年學生不僅為工人辦學、編報刊，更公開組織工會，出任工會領袖，「策劃動員」、指揮罷工，部分學生成為工人領袖。陳教授研究工運既有如不少中共學者承認五四運動對工運的影響，但更注意中國工運的發展早於五四，「中國勞工政治意識之覺醒及愛國性之動員，實早於1919年，並經歷過一段漫長卻又極其重要的醞釀時期」。[10]其後，陳教授陸續研究早期海員工會、機器工會、電車工會，孫中山與工運發展等成果，[11]均注意五四前的中國工運發展，修正及補充1970、1980年代海內外研究中國工運的觀點。

最後，也可見陳教授研究工運的美意，他於1980年代任教香港大學後，目睹香港勞工及工會情況，希望藉研究昔日工運以寄望其時香港勞工運動，「在六十年前曾一度有力地影響香港工會的意識、心態、組織、基礎、內部團結和政治傾向等歷史因素至今仍具相當作用，不容遺忘。過去歷史動力及當今中國政治是了解現時香港工運的最基本考慮」，希望籌辦工會領袖能多吸收歷史知識，振興及拓展工運。[12]

其二，陳教授研究工運課題，甚為注意地方因素及革命動員。前人每認為區域史研究太專門，未能注意國家發展的整體面貌，但陳教授在1980年發表的〈齊著「中國軍閥政治」評介〉一文，評價齊錫生教授的*Warlord Politics in China, 1916-1928*一書時，更指出區域（regional）研究的重要，陳教授認為「真正對當時人

[10] 陳明銶著：〈孫中山先生與華南勞工運動之發展——民族主義、地方主義和革命動員〉一文。

[11] 陳明銶著：〈機器工人和海員的早期活動史略〉，載《珠海學報》第15期（香港，1987），第355-361頁；陳明銶著：〈民初香港華人愛國行動初探〉，載郝延平等著《近世中國之傳統與蛻變》下冊（台北，1998），第660-677頁。

[12] 陳明銶著：〈當前香港工會發展及其歷史淵源〉，載陳明銶主編：《中國與香港工運縱橫》（香港：基督教工業委員會，1986），第215頁。

民日常生活發生最直接而嚴重的影響者，還是地方性（local）的小軍閥。更有進者，像中國這樣一個幅員遼闊、人口歧異而眾多的國家，地方性因素和區域性習面以下的文化型態，乃是區域性及全國性政治體系和社會經濟系的重要輸入（input）來源」，廣東工運史之研究，既具區域性及研究區域市民生活的特色；由廣東工運史擴至粵港關係史，也可見陳教授已把區域性的課題延至全國性政治課題。

相信陳教授於1970年代研究廣東工運的課題，種下他日後研究粵港關係的因素。不少研究成果認為近現代工會發展是現代社會產物，陳教授在博士論文 "Labor and Empire: The Chinese Labor Movement in the Canton Delta,1895-1927" 指出近現代工運是植根於中國傳統社會，陳教授的博士論文是研究1895至1927年廣東工運，結合他的博士論文及〈孫中山先生與華南勞工運動之發展——民族主義、地方主義和革命動員〉等文章，得見他早於1970年代中葉，美國留學時期，已注意粵港關係，但其時海外學術界尚多未注意此課題，陳教授指出廣東工運發展是「『傳統化』的地域鄉黨宗族因素，不但無妨礙現代形式的愛國革命活動之推進和民眾動員，以及新式勞工組織之創設擴張；反而言之，在實際歷史演進上，尤其華南勞工界在清末民初時期之政治醒覺、社會意識、愛國熱誠方面，均直接或間接受到中山先生和他屬下組織之政治活動、革命理想之刺激啟發」；另一方面，勞工界力量及組織亦成為孫中山在多次革命、反帝國主義、反軍閥動員時「一種可靠忠誠之社會基層支柱，亦是造成廣東地區為中山先生革命事業的長久基地的一種有利條件」，陳教授指出在鴉片戰爭結束了廣州獨口通商，使茶絲貿易在當地大為發展，而廣東對外海路貿易交通便利，中外商貿機構廣立，促使商業及工業在廣東大為發展，而香港於1842年後，成為自由港及海貿事業發展的商埠，這樣加促粵港關係更為密切，廣東出產的物品也藉香港運往海外；同時，五口通商條約後，廣東的工業北移上海及廣東以外的地區，而廣州三角洲一地早與帝國主義勢力接觸也最密切，「廣州三角洲地區社會變遷經濟衰退，致使勞工們對英帝國主義極為憎恨，工運之迭起，也反映了另一個重要因素，即愛國主義」。1857年廣東工人大罷工，也見華工雖然受到英殖民地發展帶來的經濟機會，「但是民族主義的情感，有時更能超越狹隘的及眼前的經濟自利」。1895年10月，興中會在廣州策動首次起義失敗，有六百多名香港苦力，三千名廣州及澳門織工，約定任革命軍士兵，起義後約有四十名海員被捕，陳教授認為1895年為工人群眾集體動員參加政治運動的開始；歷至二次革命及廣州國民政府的成立，也得到不少工人及及工會支持，而且「孫中山先生主政下的廣州，成為香港罷工者庇護所」，又促使到「三角洲地區，這種工會化—罷工—工會化的循環發展」。

還有，結合以上論文及陳教授於1990年在〈清季民初中國城市群眾動員之型態——泛論1830至1920年珠江三角洲草根階層抗衡外國經濟壓力之集體行動〉的觀點，[13]得見他認為廣州三角洲一地，如同其他居「邊陲社會」的人民一樣，也多維護團體職業利益，但廣州三角洲一地工人，更因早受到外來帝國主義侵略的影響，故能夠多注意集體職業利益，也具有的集體意識，並把職業團體的利益提升到民族主義的範疇，陳氏既不否定工人為自身利益致有抗外行動，但也要注意廣州三角洲一地工人的愛國情

[13] 陳明銶著：〈清季民初中國城市群衆動員之型態——泛論1830至1920年珠江三角洲草根階層抗衡外國經濟壓力之集體行動〉，載章開沅等編《對外經濟關係與中國近代化》（武漢：華中師範，1990），第326-341頁。

感，「地方民眾對於香港罷工者所給予更為廣泛的協助及鼓勵，即強烈地表現了社區本土對同鄉分子在香港與英人利益爭鬥中，他們的支持，在許多廣州愛國人士眼中，香港是帝國主義在華南的根據地，控制了廣州三角洲地區的經濟命脈，此一事實使得廣州民眾支持罷工者的情緒更加激奮」，中國傳統的同鄉族的情誼，同鄉會的組織及廣東社會的同鄉會黨的關係密切，由是「『傳統的』，『鄉黨性的』及『地方主義性的』，亦已經是非常進步及具革命性」，國家與社會之互動關係，也影響部分基層群眾的革命動員。可見陳教授研究工運是注意社會、經濟、個人利益、個別團體利益、國家政策、國際關係及外交政策等多元的時代背景，不只關注黨派成員動員群眾的努力。

從省港至粵港澳之研究

陳教授早於 1970 年代初，因研究廣東工運，注意到粵港「地緣主義與民族主義相混貫連，純粹的對地域、國家權益的關注，在現代中國社會政治動員中很難被清楚明確地被劃分的」，[14]廣東地區的發展及地域思想與整個中國發展甚有關聯。相信也因陳教授任教香港大學歷史系，注意香港史及當代香港事務，從他於 1989 年出版的《落日香江紅——衛奕信政權的歷史挑戰》內收集時事評論的文章，已見陳教授任教港大後，甚為關心香港主權、回歸過渡時期的香港事情及人事及民主發展，更向港督衛奕信進言「『歷史感』既然是成功歷史學者的特有氣質，相信衛督亦不虛匱乏。盼望衛督際此夕陽時刻，尚能不負所學，

[14] 陳明銶著：〈序：「末代總督」之黃白十年〉，載陳明銶著：《落日香江紅——衛奕信政權的歷史挑戰》（香港：信報有限公司，1989），頁7。

珍惜時機，努力嘗試，勇於創建，向港人和中英港關係的長遠健康發展，作出有為無愧的歷史承擔」。[15]日後，陳教授由治省港關係及香港史，走向粵港澳史，他研究香港及中國互動關係時，已注意中國發展內「香港因素」；又在研究香港課題時，注意「中國因素」，又注意從中國與國際關係的角度，研究中國、省港、香港及澳門的互動關係，甚至可以說陳教授是從「中國民族主義」敘述框架，表述香港史及澳門史。

其一，陳教授從「中國因素」（China Factor）及國際關係研究香港史，他在 "Introduction : Hong Kong' Precarious Balance--150 Years in and Historic Triangle"、"All in the Family: The Hong Kong-Guangdong Link in Historical Perspective"、"Historical Dimensions of the Hong Kong-Guangdong Financial & Monetary Links: Three Cases in Politico-Economic Interactive Dynamics, 1912-1935" 等多篇文章，均指出近代香港歷史，不獨是 1841 年至 1997 年英國殖民地統治期的本地歷史，更是帝國主義侵華歷史的具體表現，也是現代中國國際關係歷史非常重要的一面，同時，香港發展歷程中的最重要因素，正是「中國因素」，1841 年英國「利用」鴉片戰爭打敗清朝，割占香港，英人目的不是只有占據香港，而是藉香港為跳板，進軍中國市場，過去百多年英治時代，香港的居民從來是華人最多，在社會、文化、經濟等領域，香港／香港人都與中國大陸有非常密切的必需聯繫，尤以廣東省和東南沿海地區，在地緣、經濟、文化、人口流動與社會網絡均有緊密關係，所以香港歷史是整個華南區域不可分割的一部分。

同時，香港歷史發展要結合國際環境。早於 1996 年，陳教

[15] 陳明銶著：〈孫中山先生與清末民初廣東工運〉，載陳明銶主編：《中國與香港工運縱橫》（香港：基督教工業委員會，1986），第19頁。

授發表 "A Turning Point in the Modern Chinese Revolution: Historical Significance of Canton Decade, 1917-1927"、2009 年撰寫〈香港海關百年史・序〉，均指出研究香港歷史，除了要注意中國因素對香港的影響外，也要注意國際運輸通訊、金融政策及英美政策對香港影響，而且香港於 1841 年英國殖民地政府管治至 1997 年回歸中國之 156 年歷史，培養了香港成為長期在外國殖民地管治下中外交流的文化意識，亦使香港市民不同於中國內地城市居民在心態上，世界觀及價值的取向，香港在英殖民地管治下，也建立一套不同於中國內地的制度，香港因地理環境的便利，英帝國自由港的比較開放機制，使香港成為最強大的英國遠洋商船網絡在遠東重要港口及中國海外移民的重要出國／出洋港口，香港也因地理環境及處在中國與英美等國家交往的要地，這些多種力量也把香港帶進國際市場，故研究香港歷史，要從中國，特別是廣東，與國際因素進行研究。

其二，從「近代中國民族主義和反帝國主義」敘述框架下表述香港史。從閱讀以上陳教授研究中國工運史及孫中山革命事業的成果，乃至〈珠江上之「炮艦外交」：一九二零年代廣州事件與中英關係〉、〈中國現代化的廣東因素〉、〈20世紀初年廣東在近代中國轉化之歷史角色〉、"Hong Kong in Sino-British Conflict: Mass Mobilization and the Crisis of Legitimacy, 1912-26" 等文章，均見陳教授主張香港歷史在很大程度上，是近代中國對外關係歷史的一個縮影，而香港的華人過往一百多年的「反英殖民」和愛國動員之行動，如 1942-1945 年間以新界及珠三角地區為地盤的東江縱隊的抗日事跡，更是香港華人愛國歷史的片段，也因為香港華人百多年來都「站在愛國鬥爭，反帝反殖集體動員的前線」，廣東的工人及其他群眾運動看似是廣東地域的事件，其實因為工人們及其他族群的愛國情操，使廣東一地的工運及其他群眾抗爭行動「由地方性的社會經濟問題，漸而延伸到更為根本及廣泛的改善全國之愛國嘗試」，廣東群眾為中國走向現代化發展，付出犧牲，尤以省港工人們的愛國情義及他們受到外國帝國主義，由此引發愛國抵抗帝國主義入侵的行動，也影響了整個近代中國。[16]

其三，要注意近代中國歷史中「香港因素」（Hong Kong Factor），陳教授於1982年的〈香港與中國工運回顧・序〉中，指出孫中山革命事業與工運的關係及省港大罷工等歷史，已見近代中國國運與香港發展的史事，甚有關係；及後於2017年的〈序：省港大罷工九十年之今昔對比——港粵群眾共融合流之愛國動員〉中，更指出：在中國近代史上的重大環節當中，香港曾經扮演了極重要，甚至有戰略樞紐地位的主導角色，跟香港有關的人、事、物是研究理解中國近代發展不可或缺的重點元素，自晚清至1979年以來，中國內地的開放改革，香港的人才、技術、資金、制度、設施、法規、關係網、長期國際交往及企業經營管理經驗等，均為中國內地的現代化歷程中發揮正面影響，而外國資本主義／帝國主義在華的經濟活動，也常藉香港的渠道來進行，如孫中山革命事業、省港大罷工均與香港甚有關係，又如香港成立的匯豐銀行就是在華最具規模的外資金融機構，對當時的銀行業、外匯均有舉足輕重的影響，中國近代史上存在極其深遠影響的「香港因素」、香港華人工運委實是近代中國革命中的反帝國主義、反殖民地主義的前線鬥爭，香港華工續走在19及20世紀中國民族主義愛國動員的前端，也充分顯露香港華工態度鮮明

[16] 陳明銶著：〈香港與孫中山革命運動之多元關係〉，載麥勁生等編：《共和維新》（香港：城市大學，2013），第254頁。

的深切愛國意識情懷。[17]

其四，陳教授近年多注意研究澳門、香港及華南地區，乃至中國內地發展的互動關係。陳教授於〈中國現代化的廣東因素〉中，提及要注意早於15世紀明朝嘉靖及萬曆年間已有西方耶穌會士及葡國商人在澳門生活及傳教，澳門早於香港，已與西方交流。澳門地理位置，以其獨特的橋梁功能及平台，對中葡經濟及文化交融作出重大貢獻，澳門把亞洲、非洲、歐洲、美洲連貫，形成一個「三洋四洲」的全球化體系，並形成一個結合地緣、宗教，及商人貿易三方面動力條件，陳教授更命以澳門為中心的全球聯繫為「葡式／伊比利亞式—南大西洋—天主教—商貿主義之全球化」（Luso/Ibero-South Atlantic-Catholic-Mercantilism Globalization），他尤特別表述「澳門因素」（Macao Factor）在多層次及多元化世界體系的積極作用。陳教授在研究孫中山革命事業的成果中，特別指出孫中山的革命事業，也與葡澳聯繫甚有關係（*Luso-Macau Connections in Sun Yatsen's modern Chinese Revolution*），[18]而澳門建立了：廣州—澳門—果亞—里斯本聯繫，「澳門因與廣州有緊密的互補，實際上為中國對亞洲，甚至全球的海外貿易扮演著一個重要而獨特的角色」。其後，於在2014年撰寫 "Beyond the Luso Twilight, Into the Sino Glow: A Historical Sketch of Macao' Transformation Under Chinese Rule" 及在2015刊行的 "Reflections on Five Centuries of Sino-European Interface: Contrasting the Soft Power Dynamics in Macau and Hong Kong" 文章中，指出澳門的國際化及都市化，成就其為全球關心的重要城市，而且澳門藉優

[17] 陳明銶著：〈序〉，載梁寶龍著：《汗血維城》（香港：中華書局，2017），第V頁。

[18] Ming K. Chan, *The Luso-Macau Connections in Sun Yatsen's Modern Chinese Revolution* (Macau: International Institute of Macau, 2011).

越的臨海地理位置與內外環境多種獨特的有利條件，在西方大航海時代走向東方亞洲和明代以來中國與全球連接的進程，澳門扮演了重要的長期角色，是「一個創造近代世界歷史的平台」。

小結

誠然，陳教授的研究始於研究近代廣東工運史，由專題的工運延至孫中山革命史及廣東史，再由省港關係，延至研究粵港澳的歷史文化，又因其任教香港大學，正值香港進入回歸前的中英談判，及落實香港回歸中國的歷程，他個人感受與學術研究，均受到時代氛圍所影響，史學、史家與時代相表裡，既有學術研究成果，又多發表時論，發揮傳統知識分子學而優則仕的特色，但陳教授的「仕」不是任官，而是發文議政，積極擔任公開講座嘉賓，及被邀請任時事評論，陳教授實是具有「社會活動者」（social activist）和學者兼備的角色。此外，陳教授雖離開香港，在美國從事教研工作，仍心繫香江，每天收聽有關香港時事的節目，並在香港及海外推動有關香港歷史，當代香港政治及社會問題的研究，而且研究成果屢獲海內外政界及學界所重視。

最後，陳教授於 1994 年發表〈香港學界近年研究民國史的成果〉一文，得見他期望香港史學界擔當的角色：「香港正因其特殊的政治地位，中、台及海外出版和重印的資料都可自由在坊間公開搜集，所以本地學術機構如能作出比較系統化的方法搜集及吸納資料，對民國史的研究當大有裨益」，[19]以為作結！

[19] 陳明銶著：〈香港學界近年研究民國史的成果〉，載周佳榮等主編：《當代香港史學研究》（香港：三聯書店，1994），頁286。

後記

筆者與陳教授的交往，始於1995年，承蒙李金強老師向陳教授引薦，並獲陳教授批准於此兩年以旁聽形式，修讀陳教授在香港大學任教的「中華民國史」一科，在陳教授的課堂上，學習群眾動員理論，感受到陳教授對學生的親切及友愛。自此筆者與陳教授結緣，並多次邀請陳教授為拙編書籍賜序，更誠蒙陳教授不棄，得以一起撰寫學術論文，最後更與陳教授、鮑紹霖教授、麥勁生教授合編，由香港城市大學出版社出版的《中國與世界之多元歷史探索》，承蒙香港城市大學出版社編輯團隊，趕於10月29日出版此書，香港城市大學出版社更已安排於11月2日中午，假座香港城市大學校園，舉行新書發布會，可惜於10月30日中午驚聞陳教授逝世的訊息，深表哀傷！

陳明銶教授傳略

文／林浩琛[1]

陳明銶教授（Chan Ming Kou, 1949-2018；下文簡稱「陳氏」，為方便行文，不以教授指稱陳氏）為國際著名研究近代中國工運史、廣東歷史文化的專家學者，也是發表時事評論及政論的重要人物，甚值得研究。今天，北京及香港特區政府推動的「粵港澳大灣區」概念，早見於陳氏在1990年代發表有關廣東歷史、澳門史的研究和政論觀點，可見陳氏甚具卓見，值研究及歸納陳氏的觀點，可以闡揚及開拓粵港澳歷史文化課題。

陳氏研究近代粵港澳工人運動（以下簡稱工運）的成果為世人所重視，解釋工運在當時對中國社會方面，尤其是華南地區產生的影響，繼而推論如何導致國際形式的變化。

陳氏曾指出，自民國建立至1970年代，國際學界對近代中國工運以及勞工地位的研究「量少質差」，而且觀點頗為「狹隘」，甚至出現「誤解」。早在1989年，他已經提出學者們習慣把五四運動定為中國近代工運起點，而且多從「文化」分析。即便有提到勞工在運動的角色，其重點依然放在城市區域的新式工廠企業工人。[2]他分析學界對中國近代史的研究，認為大部分學

---

1 筆者現為文化力量研究員、香港文明教育集團經理。於2015年至2018年，與陳明銶教授相處，並協助處理文稿，匆匆數載，念想如初。

2 陳明銶著：〈晚清廣東勞工「集體行動」理念初撰〉，載《中國社會經濟史研究》1989年第一期（廈門），第70-77頁。

者，尤以是西方學者為多，接受由中國共產黨編寫的學術版本，偏向以「由上而下的鳥瞰式」角度看待中國工運。同時，海外學者研究中國現代革命歷史也多看重「農村動員」，中西方學者皆受到根深柢固的政治意識影響，誤以為農民才是中國近代工運的主要力量。部分國外學者集中討論1949年以後的勞工狀況，忽略了前期中國工運在華南地區醞釀的活動。有這種現象，是由於20世紀初中國經濟以「商業化」（commercialization）農業為主，工人所占人口及分布率不及農村人口，因此看輕了工人在民初時群眾運動的地位。但陳氏認為儘管人口較少，其在重要的國際城市所發動的工運影響深遠。

陳氏一向主張中國工運史的起源，應該提至中華人民共和國成立之前的晚清革命運動。為求全面客觀的歷史事實，他覺得應採取「由下而上的仰視式」研究觀點，注重社會的微觀層面，即都市和城鎮的新舊式勞動群眾。[3]海外學者之所以無法進行深入研究，因為其對中國文化與知識的侷限，忽略了集體意識形成的複雜、廣東地區的行會意識和廣東工人的特徵。[4]這些便是陳氏研究中國近代工運的重要論點。

此外，陳氏也經常在報章刊物討論澳門與香港英治時代到回歸後期在中外交流的重要地位。他在文章中利用自創學術用語論述自己的觀點，如葡式／伊比利亞式—天主教—商貿—全球化，[5]以突出澳門在連接中國與國際的「跳板」地位，甚至在

3 陳明銶著：〈清季民初中國城市群衆動員之形態〉，載章開沅等編：《對外經濟關係與中國近代化》（武漢：華中師範，1990），第326-342頁。
4 陳明銶著：〈略評近期國外對中國工運史之研究〉，載陳明銶等編：《中國與香港工運縱橫》（香港：基督教工業委員會，1986），第271-281頁。
5 陳明銶著：〈中國與葡萄牙全球化交往之「澳門因素」五百年回顧〉，載陳明銶等編：《中國與世界之多元歷史探論》（香港：城市大學，2018），第27-51頁。

2012年以後推論香港、澳門、中國三方的未來局勢時，使用「邁向2047」、「完全融合」、「後特區時代」等詞彙作清晰的歷史劃分，為學界留下重要的啟發和貢獻。

對於陳氏的貢獻，社會各界人士皆給予肯定。例如在學術研究層面，香港浸會大學歷史系榮譽教授李金強先生曾讚揚陳氏利用自身人脈，邀請專治五四運動史及漢學的中外學者來港交流，並積極資助香港史研究，是本港史學界首位研究民國勞工運動史專家，亦為香港中國近代史研究推向國際。[6]美國胡佛研究所高級研究員Larry Jay Diamond 因為透過閱讀陳氏 *China's Hong Kong transformation: retrospect and prospects beyond the first decade* 一書，認識及欣賞陳氏探討香港在「一國兩制」過渡下的政治局勢。[7]至於在時事評論方面，資深新聞工作者程翔先生回憶早在1980年代，身為歷史學家的陳氏與擔任《文匯報》駐京記者的程氏，均認為中國政府應該撇除政治意識，即使香港代表著中華民族屈辱，也要正視和肯定香港過去對中國現代化的積極角色。[8]

陳氏的時事評論，有不少觀點是建基於早年近代中國工運研究。因此本文的主題，在於嘗試指出陳氏從單純研究近代粵港澳工人運動，到討論中國兩岸三地社政議題之間的聯繫，突出陳氏在學術及政論兩方面做到互相結合的特質。

陳明銶教授在2018年10月29日突然在美國舊金山國際機場不幸去世，其個人學術研究工作中止。作為一位在學術界不退不休

---

6 李金強著：〈本港史學界首位研究民國勞工運動史專家〉，載文灼非編：《陳明銶教授追思錄》（香港：陳明銶教授追思會籌委會，2018），第22-23頁。

7 Larry Diamond, "A Prolific and Tireless Scholar"，載《陳明銶教授追思錄》，第30頁。

8 程翔著：〈願您在天之靈，繼續守護香港〉，載文灼非編：《陳明銶教授追思錄》，第61頁。

的學者，他留下許多未出版的文章，有待整理。

陳明銶教授之生平（1949-2018）簡述

陳明銶教授生於1949年，年幼時就讀香港培英中學長達十年（1956-1966）。[9]在香港中文大學崇基書院修畢一年後，便前往美國留學，從此開始他在海外讀書及任教的漫長人生。陳氏自中學畢業後定居海外，在美國長期接受高等教育，因此讓他能夠接觸更多國外研究資料，以及掌握多種語文能力。陳氏在各地學習及工作，也使他敢於遊歷世界，拓展視野。

1969年5月，陳氏獲得愛荷華州立大學歷史學士學位（副修政治學與經濟學學士學位）。1970年6月，他取得華盛頓大學歷史學碩士學位，在畢業後開始修讀漢學。[10]值得注意的是，當時他受教於專門研究辛亥革命史Winston Hsieh教授，故陳氏日後的研究重點基礎，於此時建立。

陳氏於1971年就讀史丹福大學期間，在Lyman Van Slyke教授的指導下完成論文 "The Study of the Chinese Labor Movement, 1860-1927: A Preliminary Survey of Selected Chinese-Source Materials in the Hoover Library"。1972年，他在德國的聖奧古斯丁出版第一篇有關宋朝史學的漢學文章 "The Historiography of the Tzu-chih T'ung-chien"，並在翌年7月在巴黎索邦大學第29次國際東方主義大會

[9] 陳明銶著：〈序〉，區志堅編：《龍總顯威》（香港：九龍總商會，2014），第7頁。

[10] Ming K. Chan, "Reflections on Five Centuries of Sino-European Interface: Contrasting the Soft Power Dynamics in Macau and Hong Kong." In *Macau-in-Coimbra. Highlights from the EACS 2014 Conference*, edited by Ming Chan, Jorge Rangel. Et al. Macao: IIM, 2015.

（ICO）[11]進行第一次有關中國勞工運動的公開學術演講，題為“The Chinese Labor Movement in the Canton Delta, 1895-1927”。[12] 1972年9月至73年9月的一年間，他得到「外國研究獎學金」，[13]先後在亞洲及倫敦準備博士論文資料，並頻密地與當時《中國季刊》執行編輯，後來出任港英總督的衛奕信（David Clive Wilson），進行學術交流，翻閱衛奕信手上尚未被公開，有關工運問題的資料及學者研究此課題的論文。1975年6月，陳氏完成論文“Labor and Empire: The Chinese Labor Movement in the Canton Delta, 1895-1927”，[14]獲授史丹福大學歷史博士學位。

自1971年2月起，陳氏投身高等院校的教學行列。他曾分別在史丹福大學（胡佛研究所、歷史系、東亞研究中心）、加州大學洛杉磯和聖克魯茲分校、墨西哥市墨西哥學院、香港大學、杜克大學、斯沃斯莫爾學院（康奈爾講座教授Julien & Virginia Cornell Professor）、曼荷蓮學院和格林內爾學院擔任過助理教授、教授等不同職務。

作為專治近代中國史的學者，「胡佛研究所」（Hoover Institution）應該是陳氏學術生涯裡其中一個最重要的地方。陳教授於1976年至1980年和1999年至2008年期間擔任胡佛研究所研究員，並管理所中的香港紀錄片檔案館項目。因此，胡佛研究所作

---

11 International Congress of Orientalists, 在1973年後該會議改稱為 International Congress of Human Sciences in Asia and North Africa (ICHASNA)。

12 陳明銶著：〈清季民初中國城市群衆動員之形態〉，第326-342頁。

13 英譯：Foreign Area Fellowship（此文章刊登時已經改稱為International Doctoral Research Fellow-ship, IDRF, 並持續至今），由Social Science Research Council（SSRC）及American Council of Learned Societies（ACLS）聯合遴選頒發，福特基金會資助，參考陳明銶著：〈衛奕信筆下的中英關係〉，載《信報財經月刊》第121期1987年4月（香港：信報有限公司），第66頁。

14 中譯：〈勞工與帝國〉。

為美國政府專門分析東亞地區（尤其是香港）局勢的重要橋梁，為他提供了不少香港政府與社會的各方面檔案。[15] 2009年至2018年離世前，陳教授一直出任史丹福大學東亞研究中心訪問學者，致力在美國進行學術研究與教學工作。

除了在世界各著名大學任教外，陳教授的學術貢獻卓著，致力於研究工運、中外關係、粵港澳區域史等，他擔任學術出版社M. E. Sharpe《香港回歸中國》（*Hong Kong Becoming China*）叢書系列總編輯，於1991至2008年期間共發12冊。他編撰超過二十本學術著作，發表超過七十篇學術著作。自1985年開始，陳教授在年度亞洲研究協會會議上組織了二十多個學術小組會議。他更在北美、牛津、斯沃斯莫爾和香港等地區的五十多所大學舉辦了講座，公開演講和主題演講。他經常擔任亞洲或中國研究領域和著名大學出版社的學術期刊評審。由於陳教授在工運、中外關係、粵港澳區域等研究範疇成就超然，經常接受國際和大中華媒體的採訪，包括《華爾街日報》、《時代雜誌》、《新聞周刊》、英國廣播公司、美國之音、美國有線電視新聞網、美國廣播公司、美國全國廣播公司和哥倫比亞廣播公司等，對學界以至政壇極具影響力。

陳教授於1997年退休，但仍然醉心於學術研究，期間出刊了超過十本學術著作，當中以粵港澳區域研究占多。他致力推動香港各大學舉辦國際性的學術研討會，使國際學界對港澳區域研究日漸關注和熾熱。他在2017至2018年期間在北美組織了一系列與香港有關的活動和會議，當中以巡迴形成舉行學術會議，是學界少有。會議邀請了兩岸三地政商界人士、學者到臨美國進行大型

[15] 文灼非著：〈史丹福大學重視香港研究〉，載《名家論中國》（香港：明報出版，1996），第58-61頁。

的國際研討會，引起中外媒體、學界的重視，得見陳教授將粵港澳區域研究推至國際層面的美意。

陳明銶教授之學術研究

如果要梳理陳氏的學術研究歷程，大致上可以分成幾個重要課題。首先，陳氏早年的研究議題，從中國廣東工運開始，繼而拓展至香港工運歷史。之後他在此基礎上的延伸，研究孫中山個人生平及孫氏對中國工運的支持。中國工運是陳氏的研究基礎。他日後有關珠三角地區發展、港澳回歸、中美關係等國際議題的評論，其理論和觀點或多或少都建基對廣東工運的研究。

中國廣東工運

陳氏的研究不同於1950年代以後的主流學術論調，他認為中國工運發展歷史至少可以追溯到晚清時期，[16]而五四運動實際上只是中國工運第一次出現在全國性大規模群眾運動，以及首次階段性突破。[17]

以往的中國共產黨歷史，強調中國工運的啟蒙與興盛，全賴共產黨各組織積極主導，工運的領導者更有不少屬於中國社會主義青年團。在中共的指揮下，勞動階層得到廣泛社會支持，成功對抗中國資本家的剝削，以及港英當局的威逼利誘。[18]至於國民黨視角下的中國工運，則是建基於三民主義及國民革命。為達

---

16 參考本文緒論有關陳明銶對中國工運學術研究的看法。

17 陳明銶著：〈五四與工運〉，載汪榮祖編：《五四研究論文集》（台北：聯經出版，1979），第57-88頁。

18 中央黨史研究室：《中國共產黨歷史》第一卷（北京：中共黨史，2010第2版），第77-85頁。

到中華民族的獨立及自主，國民政府積極支持中國工業力量發展，同時改善勞工待遇，提高勞動者的地位。此角度更強調中國勞工的剝削並非來自國內資本家，而是宏觀的外國經濟環境。[19]明顯國共兩黨均不否認中國工運在晚清時期已經出現的事實。至於海外學術著作，以Lynda Shaffer和S. Bernard Thomas為例，都偏向注重中國共產黨在地方勞工運動，甚至全國勞工政策的領導角色。[20]

陳氏認為中國工運的第一階段，是晚清時期華南珠三角地區的「反帝國主義」勞工運動。對於當時勞工發起集體抗爭的原因，陳氏結合陳達的「工運促成三原素」，即覺悟、組織、奮鬥，[21]以及專門研究社會政治運動的Charles Tilly之集體動員理論進行分析。[22]因此，陳氏繼承了陳達的觀點，以「由下而上的仰視式」角度，研究中國勞工問題。然而必須指出，陳氏也沒有否認中國近代工運存在「由上而下」的特徵，但這是由於中國共產黨在民國時期積極參與群眾運動，其在社會的影響力深遠，引致1949年後的中國群眾運動實際上在一黨專政下已經淪為政治工具，自主覺醒的草根階層變成由共產黨控制的「運動群眾」。[23]

雖然兩者有共同研究出發點，但他們的研究亦存在明顯差異。陳達的文章，著重以數據分析中國國內自1920年以來的工人

---

[19] 馬超俊著：《中國勞工運動史》上冊（上海：商務印書館，1942），第55-62頁。

[20] Lynda Shaffer, *Mao and the Workers*, (London: Routledge Press, 1982), pp.9-30; S. Bernard Thomas, *Labor and the Chinese Revolution: Class Strategies and Contradictions of Chinese Communism, 1928–1948* (Ann Arbor, 1983), pp. 23-268.

[21] 陳達著：〈中國勞工問題〉，《民國叢書》第二編第17冊（上海：上海書店，1990），第586-608頁。

[22] 陳明銶著：〈晚清廣東勞工集體行動理念初撰〉，載《中國社會經濟史研究》1989年第1期，第70-77頁。

[23] 陳明銶著：〈新興社會力量推動建設民主中國〉，載《信報財經新聞》1999年5月5日。

狀況，並對比同時代海外各國勞工環境，嘗試為將來中國勞工待遇的完善，提供方向與建議。勞工運動與社會的關係，只作為文章的附錄補充。[24]而陳氏的中國近代工運研究，正是從此附錄開始，探討勞工個體、勞工組織、勞工運動之間的聯繫，更為關注工運背後的社會層面，延伸並深化陳達的理論。

陳氏認為從歷史角度說起，由於中國廣東最早與外國接軌，工商業交往及衝突，自然也是全中國最為頻繁。鴉片戰爭前，群眾與外國人經常出現商業抵制與武裝衝突。這些行動大多是中國勞工不滿列強勢力的侵擾，損害華人社會的利益。鴉片戰爭後，英國占領香港，至使開放五口通商，廣州在中國對外貿易的專利地位正式結束。加上隨著歐洲先進技術的引進，新式工業衝擊華南傳統行業的市場，珠三角地區經濟出現衰退，加深群眾對帝國主義的厭惡。一直以來受到帝國主義者的剝削，以及目睹清政府在與列強的各次衝突中失敗，激發了他們的「愛國主義」，意識到要與列強抗爭。傳統行業工人在現代化和國際化的趨勢下面臨挑戰，客觀環境的改變與主觀自覺醒悟開啟了近代中國勞工運動。他們為草根階層，已經構成有「社會政治性質」群眾運動的基礎力量。

晚清至民初時期的工運逐漸擴張，除了傳統工人（如海員、碼頭工人），現代工業工人，如機械工人，也受到鼓動投身各種反清、反帝國主義的革命運動，帶動現代化新式工會在中國的建立和發展。有別於技術行業式工會，新式工會的成員架構相對複雜，原本容易出現內部利益衝突。但在中國早期工運裡，卻顯示出其動員能力更為高效，有助團結工商界的行動，比較傳統保守

[24] 陳明銶著：〈「知識與勞動結合」之教育實驗〉，載陳明銶等編：《中國與香港工運縱橫》，第61-77頁。

的粵人情懷（或者同鄉情懷）觀念和行會意識在當中發揮重要作用。陳氏認為這些珠三角地區獨有的社會特質源於中國南方長久以來的「邊疆地區」心態，為求自保而作出的理性選擇。[25]但有助工商界合作只是個別例子，這些傳統保守觀念對華南社會並非完全有益，有時反而阻礙了廣東人的凝聚力，內部互相猜疑，使廣東這個擁有獨特先天歷史條件的地區，無法成為展現中國近代史成果的最終舞台。[26]前期中國工運組織較散亂，並非完全是由純勞動分子自主自發，而是基於華南地區的地域主義，受地方士紳和行業管理階層領導。學界人士也開始對勞工議題作出關注。珠三角地區經濟受帝國主義者的干預而受損，在愛國情緒、民族意識、商業利益的驅動下，他們把個人利益昇華成行業或地區的整體經濟利益。各行各業以宗族情誼作聯繫，更能激發他們互相同情和幫助。這種傳統與現代的融合，被陳氏視為是「中國早期工運發展的特色之一」，甚至是由群眾為基礎的多階層（工界、商界、學界）愛國動員的五四運動，以及民國時期以經濟抗爭對抗帝國主義的先例與典範。

五四運動是中國工運的第二階段，標誌著運動的政治化以及理論化突破。隨著勞工在群眾運動的活動日益頻密，他們成為社會集體動員的中堅力量。實際上，這類似於「馬列式共產主義」中工人革命的表現。在反清革命時期，各界勞工已經大規模投入革命運動。從宣傳到武器運輸，甚至直接的武裝對抗，皆有這些勞工的身影。民國建立以後，與革命黨的密切合作，也造就了勞工團體的政治參與。例如勞動黨、中華民國工黨、工黨共進會、

[25] 陳明銶著：《清季民初中國城市群眾動員之形態》，第326-342頁。

[26] 陳明銶著：〈20世紀初年廣東在近代中國轉化之歷史角色〉，載陳明銶等編：《嶺南近代史論》（香港：城市大學，2018），第1-31頁。

自由黨的組建和發展。再加上一些民間勞工團體，他們持續支持國民政府的運動，如二次革命。由此可見，勞工力量已經進入政府架構。政黨取代早期的商界和地方精英，成為維護勞工訴求的最高領導。

另外，五四運動雖是「全國性質」的群眾運動，但陳氏指出勞工在當中的角色應該與學界平等，包括在運動起到領導作用的學生和學者。他甚至嘗試論述勞工是如何與學界合作，帶動中國近代工運的發展。客觀地說，知識分子早於晚清已經介入工運。洋務運動激發西方文化在中國的發展。但如同外來技術與思想在中國的固有傳播路線，[27]歐美方式的工運理論只可以用於廣東地區，中國地域現代化的差異，阻礙了西方思想的全國普及。直到勞工階層經歷反清革命的洗禮，才開始形成社會重要的動員力量，受到學界的重視與運用。五四運動時期，知識分子創建新式刊物以及一戰後的返國華工，首次大規模向全國勞工階層傳授西方近代思想理論。整體而言，學界在運動中擔任了工運思想建立及宣傳的主導者，為勞工階層發聲和提高其社會地位。其中的原因可能也是學界為了爭取勞工力量對五四運動的支持。這就是陳氏所言的「知識與勞動結合」。[28]他以1920年長沙「湖南勞工會」為例子，說明此次集會開創知識分子關注和參與勞工問題。這時期創立的勞動大學和工團主義的興起，皆說明勞工議題在文化界的廣泛辯論與實驗。蔡元培將「勞心者」與「勞力者」連結，表示學界承認勞工巨大的社會影響力及共通性。陳氏認為商界和勞工界積極支持運動，與學界一同發起抗議集會、罷工、聲援被捕人士，是受到學界的鼓勵。知識分子在此次運動中打破了

[27] 陳明銶著：〈「知識與勞動結合」之教育實驗〉，第61-77頁。
[28] 陳明銶著：〈「知識與勞動結合」之教育實驗〉，第61-77頁。

傳統輕視勞工的看法，以及合理化日後再次參與勞工運動。

由此可見，中國近代工運在五四運動之前已經有一定基礎。陳氏帶出中國近代工運歷史應該更為久遠，廣東在推動全國性工運革命起到啟蒙的作用。五四運動中，知識分子的強烈政治性和激進思想滲入工運，使工人和學界聯繫加深，導致日後工運的急劇政治化，由散亂組織變成政治化目的和團結的黨派工會，而不只是晚清時期的愛國民族意識和實質經濟性目標。陳氏雖然不認同五四運動是中國近代工運史的開端，但他曾明確肯定這場運動的意義重大。按他的說法，「五四」運動是中國近代、現代歷史演化過程的一次大突破。先前的「自強運動」、「百日維新」、庚子事變以後的清室新政改革等，都只是「硬件」（硬體）方面的提升，而「五四」則是思想文化的「軟件」（軟體）解放，從根本革新了中國社會。[29]所謂的勞工運動，已經不再只以勞動階層為唯一力量，而是變成了多階層性質的政治工具。這種變化深深影響著民國的政治運動以及香港社會。

香港工運

陳氏論述香港近代工運，內容大多聚焦在1920年代三大工運，從中分析出歷史意義，解釋如何塑造香港社會近代發展。

所謂的三大工運，即香港機械工人罷工（1920年）、香港海員罷工（1922年）和省港大罷工（1925-1926年）。陳氏指出香港工運的特色，建基與中國廣東工運，也就是所謂的「中國因素」。早在鴉片戰爭中，香港勞工便聯合廣東勞動階層針對西方企業和軍艦採取經濟抵制手段。五口通商後廣州的商貿地位被香

[29] 陳明銶著：〈「五四」與現代中國群衆運動〉，載《信報財經新聞》1999年5月4日。

港取代，驅使大量珠三角移民到香港謀生，因此基層社會的粵港情誼更加堅固。直到民國建立初期，抵制電車運動（1912-1913年）及五四運動（1919年）更是香港社會在沒有外力干涉下的自主愛國動員運動。[30]香港成為中國反帝國主義運動的最前線，三大工運的時代背景由此建立。

在持續的愛國民族情懷及粵人情誼推動下，廣東政府及民間勞工團體對香港工運給予不同程度的支援。陳氏認為最為標誌性的，就是他們為抗爭勞工提供生活補貼及安身之處，鼓勵香港勞工大規模離港返粵。這意圖削弱港英勞動力，破壞政權經濟利益的群眾動員，在第二次鴉片戰爭中首次出現。陳氏評論這開啟了1920年代三次大規模慣性經濟性動員手段的先例，因為香港是重要的經濟城市，工運才有足夠力量作出有效的經濟性集體動員。

香港與中國內地在長久的勞工運動中，建立了密切的聯繫與信任，也影響到香港在日後扮演的國際政治角色。陳氏認為1949年是中港歷史的分水嶺。[31]隨著全球冷戰格局確立以及中國共產黨取得全國政權，援助者和受惠者的角色互換，[32]粵港群眾關係也出現巨大轉變。抗日戰爭以及國共內戰前後，香港是中共、國民黨和中國難民的逃難之地。作為英治地域，香港也成為反對日本侵略者和擁護民主資本主義人士的宣傳基地、人力資源中心、改革思想起源地。廣州也是中國面對國際經濟制裁時，輸送來自香港偷渡物資的重要門戶。儘管如此，關鍵的粵人情誼還是無可

[30] 陳明銶著：〈民初香港華人愛國行動初探〉，載郝延平等編：《近世中國與傳統的脫變》（台北：中央研究院近代史研究所，1998），第661-677頁。

[31] Ming. K. Chan & John D. Young, *Precarious balance: Hong Kong between China and Britain, 1842-1992* (Hong Kong: Hong Kong University Press, 1994), pp. 27-58.

[32] Reginald Yin-Wang Kwok & Alvin Y. So, *The Hong Kong-Guangdong Link: Partnership in Flux* (Hong Kong: Hong Kong University Press, 1995), pp. 31-63.

避免地受到中國黨派鬥爭的挑戰，例如由1920年代便出現的香港工會內亂，直到1980年代還沒有解決。[33]技術行業性工會和產業工會，即可分別簡化為立場保守的國民黨關係派與傾向高效現代化管理的中國共產黨關係派。當時兩黨皆以救國的民族自強為目標，內部衝突相對而言不太突出。但1949年後的情形大幅改變，兩者對於香港工運的具體方針不同，導致在微觀的地區層面上無法團結合作，成為港英政府打壓群眾運動的致命點。加上冷戰的極端意識形態影響下，極左恐怖運動，如1967年暴動，反而令香港人轉為支持港英當局的鎮壓措施，與以往形成對比。此後港英政府開始討好勞動階層，香港社會的經濟起飛，對廣州的依賴逐漸減少，兩地人民關係慢慢疏遠。[34]因此，香港工運歷史的背後，有「中國因素」支撐，甚至可以說是「中國因素」下的「廣東因素」。[35]

研究孫中山與中國工運的關係

陳氏研究中國近代工運及香港工運發展歷史中，多注意孫中山及其黨成員。陳氏對孫中山的研究，除了孫氏的革命事業這一熱門課題，他也經常提到孫中山的早年生活。[36]這部分的論述主

[33] 陳明銶著：〈當前香港工會發展及其歷史淵源〉，載《中國與香港工運縱橫》，第203-217頁。

[34] Ming. K. Chan & John D. Young, *Precarious balance: Hong Kong between China and Britain, 1842-1992* (Hong Kong: Hong Kong University Press, 1994), pp. 27-58.

[35] 陳明銶等著：〈中國現代化的廣東因素〉，載沈清松主編：《中華現代性的探索：檢討與展望》（台北：政大出版，2013），第89-150頁。

[36] 如Ming K. Chan, *The Luso-Macau Connection in Sun Yat Sen's Modern Chinese Revolution* (Macao: International Institute of Macau, 2011). 以及陳明銶著：〈香港與孫中山革命運動之多元關係（1895-1925）：革命基地兼革命對象的重疊角色〉，載麥勁生等編：《共和維新》（香港：城市大學，2013），第235-258頁。

要出現在一些有關中、港、澳三方關係的書籍及報刊中，目的也多為指出中國內地與港澳的歷史淵源，以及突出中、葡關係，鼓勵中國以澳門為跳板向葡語圈地區輸出影響力。陳氏注意近代中港工運發展，與孫中山的革命事業甚有關係，為學界對反清反帝國主義運動的研究提供新角度。

陳氏認為孫中山與近代工運人士，早在晚清民初時期已互有聯繫。廣東工人團體針對列強的勞工罷工以及社會暴動，鼓舞孫氏對民間革命起義的希望。孫中山被勞動階層的自發愛國民族抗爭感動，而勞工們則欣賞孫中山對救國自強的堅持，受他的革命思想感染。1895年孫氏領導的廣東起義（也是首次反清起義）開始，粵港澳勞工階層漸漸活躍於革命組織，如興中會等，以及主要的武裝力量當中。民國建立初期，勞動階層一直是孫中山革命動員的主要力量。當時的革命組織內，勞工身分的成員占多數。護法戰爭和軍閥混戰時期，各行各業的工人均有參與孫氏陣營的抗爭活動，包括海員負責武器運輸，甚至直接參與戰鬥。清末民初的工運受中國政治局勢帶動，特別是珠三角地區的勞工階層，普遍採取支持孫中山，更明確表現出其政治化的特徵。

孫中山與中國勞工的關係，陳氏主要以粵人情誼作總結。先不說工人們在反清、反帝國主義、反軍閥的立場上有共同的利益考慮，孫中山善於運用自己中山縣同鄉的身分，透過同鄉情誼的關係組織廣州祕密會社組織網，吸收勞工進入興中會及同盟會。[37]另外，孫中山也刻意挑選機器工人以及海員為革命的基礎力量。這也是為何陳氏主張孫中山與中國近代工運的關係，主要

[37] 陳明銶著：〈孫中山先生與華南勞工運動之發展〉，載《孫中山先生的近代史學術討論集（第一冊）》（台北：中央研究院近史所，1986），第265-285頁。

從這華南兩大勞工團體的發展分析。[38]經歷了護法戰爭以及軍閥割據，兩者的關係與信任更加堅固。孫中山主政廣東時期，華南勞工支持「粵人治粵」運動，維護支持孫中山團體的理念。在香港，「中華海員工業聯合總會」（前身為橫濱中國海員俱樂部）發動海員罷工，反抗港英政府以及資方對勞工的利益剝削，為受迫害的香港工人提供援助。可以說孫中山身為廣東人，加強了他對華南勞工的動員能力，團結各個革命組織發動群眾抗爭。陳氏在此再一次印證了所謂「傳統保守的宗族同鄉」因素推動現代化工運的論點，總結為民族主義和地緣主義結合的革命動員。[39]

最重要的是，孫中山打破中國社會向來對工運的固有態度。陳氏認為，雖然中國工運已經對社會造成重大影響力，但在官方名義以及社會認受方面依然欠缺合法性和合理性。孫中山於1918年在廣州首次舉行勞動節，為中國工運奠定官方認受性及合法性。香港海員罷工不久後，孫中山廢止《暫行刑律》第224條條文，不將罷工視為違法，更在1922年在廣州舉行第一次全國勞動大會，廣州主政時期，孫中山的支持與官方照顧，保障工運的合法性與社會接納，可以說孫中山庇護了工運發展。孫中山及其政府正式肯定工運的行為，陳氏讚賞他「與當時袁世凱政府及軍閥皆對工運採取打壓態度不同，孫中山對工運的開明積極作風」。[40]

可見陳氏的各部分學術理論皆有共通之處，一些基礎論點如工運中的粵人情懷、愛國民族反帝國主義性質等，貫穿「晚

---

[38] 陳明銶著：〈機器工人和海員的早期活動史略〉，載《珠海學報》第15卷（香港：1987），第119-132頁。

[39] 陳明銶著：〈孫中山先生與清末明初廣東工運〉，載陳明銶等編：《中國與香港工運縱橫》，第3-20頁。

[40] 陳明銶著：〈孫中山先生與清末明初廣東工運〉，第3-20頁。

清」、「孫中山」、「香港的工運」的學術研究範疇。陳氏的文章也論及中國清末民初工運中國及香港工運。而且他在1980年代後發表的學術文章，內容與觀點皆沒有太大差異，反映陳明銶對工運的研究理論很早就奠定了堅固的基礎。

若仔細閱讀陳氏的學術文章，不難發現他的寫作特點。在許多探討中國工運的文章中，陳氏經常從廣東群眾運動的角度，敘述廣東工運歷史，例如1912至1913年杯葛電車事件、省港大罷工、1935國民政府在軍閥時期後的貨幣制度改革和統一，以及1920至1930年代珠三角地區的各次工運，並提供具體歷史數據和資料作簡介。[41]

陳明銶教授社政評論

暫時可得見於1987年開始，陳氏逐漸在《信報財經月刊》發表有關香港回歸前景的政論文章。最初他主要針對中英談判後，港英政權的角色，以及猜測未來香港特區的發展情況。隨著英國勢力完全退出亞洲，香港回歸中國管治，特區政府的施政表現以及社會環境，成為陳氏分析的重點，由此他也延伸觀察「一國兩制」正式運行。有鑑於陳氏對回歸抱有正面願景，面對特區政府初期施政不濟與失敗，他利用澳門特區政府的良好表現作對比，期望能夠為香港社會的未來發展提供方向。

---

[41] 主要表現在*Hong Kong SAR's Monetary and Exchange Rate Challenges (Historical Perspectives) Historical Dimensions of the Hong Kong-Guangdong Financial & Monetary Links: Three Cases in Politico-Economic Interactive Dynamics*以及*Precarious balance: Hong Kong between China and Britain, 1842-1992*兩本英文書籍中。陳明銶偶然也在其他著作中提及，如《香港與中國工運回顧》有〈香港海員罷工（1922）〉以及〈省港大罷工（1925-1926）〉兩篇主題文章，其他例子衆多難以全部列出。

持續關注香港回歸課題

回歸前夕，陳明銶對港英政府的評價頗為負面。他留意到港督衛奕信政權無法有效帶領香港面對1997年與中國內地接軌，他從衛奕信剛上任港督時，由對其能夠讓英國勢力體面地撤離香港抱有希望，轉變為失望。陳氏一直偏向支持香港應該回到華人的管治之下，並認為港英政權從來都不是被真正公認及普遍接納的「權威合法性」（genuine and popular "legitimacy"），只是勉強維持技術條文上和行政制度程序上的「合乎法律性」（technical and administrative "legality"）。[42]港英政權在香港實際上缺乏民意基礎，而且作為地方性的港英政權，有著關注地方事務以及國際視野狹隘的先天侷限，在許多影響香港回歸的事情上與英國本土意見分歧，甚至加深中英雙方衝突。

陳氏表述，衛奕信「治史嚴謹，學術素養良好」，是對中國有深入研究了解的「中國通」。因為衛奕信的學術及工作經驗，才被英國政府委派擔任港督。但是在中英談判、國際形勢轉變、港英政府內部的官僚制度等多方面限制下，陳氏體諒到衛奕信無法盡情施展才能。

然而在1988年港英駐美官員「野蠻」介入美國亞洲研究學會第四十屆週年大會「香港前途問題研討小組」的論文討論、刻意延長「三二二三」教育制度以及進行假諮詢玩弄民意數字等事件中，陳氏批評港英政府，包括衛奕信本人，均無意面對香港回歸中國的歷史潮流，更常常有誤判形勢、過於敏感的獨斷行為。不但意圖延長英國在香港回歸後的特殊利益與優勢，更不惜透過破

[42] 陳明銶著：〈衛奕信的歷史挑戰〉，載《落日香江紅：衛奕信政權的歷史挑戰》（香港：信報有限公司，1989），第8-13頁。

壞學術自由與尊重，意圖掩飾港英政府在回歸前夕管治失敗的事實，逃避現實政治困難。這些舉動無疑使香港難以脫離英聯邦的「小圈子」，阻礙了香港在各方面與中國和國際順利接合。

1989年回歸事實已定，港英政權作為「黃昏政權」，陳氏指出港英政府在餘下的日子裡，只能盡力處理香港內政事宜。港督的責任在於必須以港人的廣大利益為最重要的管治原則，以及帶領香港建立一個邁向「民主社會」的回歸基礎。因為自1989年「六四事件」起，即使英國對中國採取「安慰政策」，中英雙方依舊互相猜疑。彭定康在1995年計劃的本地民主運動刺激了中方對英方的不信任，指出如同近一百五十年的中英雙邊對香港事務的交往，香港人從來對自身的去向與發展沒有話語權。香港人從來不是獨立在英國與中國的一個群體，香港無論在歷史或地緣戰略困境上的「尷尬地位」都是融合了中國及英國的利益。香港的整體發展都要依靠兩者。[43]

在經過首屆香港特區政府的管治後，陳氏分析董建華班子的表現，認為香港在回歸後，面對眾多挑戰，香港「一國兩制」的運作仍有改善空間。如同回歸前夕的港英「黃昏政權」，新生的特區政府受之前中英雙方談判約束，以及回歸前後香港的表現受到國際社會注視，故在政治上的改革空間極小，反而經濟民生方面可大有作為。然而，陳氏批評特區政府無法有效解決香港內部問題，導致社會撕裂，進一步損害「一國兩制」的形象。若要歸納陳氏的論點，大致上可以分為董建華個人特質、特區本質和行政管治危機三方面。[44]

---

43 Ming. K. Chan & John D. Young, *Precarious balance: Hong Kong between China and Britain, 1842-1992* (Hong Kong: Hong Kong University Press, 1994), pp.3-8.

44 陳明銶著：〈香港特區的危機與轉化〉，載《信報財經月刊》第304期，2002年7月，第4-8頁。

陳氏指出董建華個人「優柔寡斷和獨行獨斷的特質不適合從政，不以香港本地社會為優先考慮，施政帶有重商主義及過於偏重北京多於香港」。另外，他又指出「特區急於追上因過渡期中英專注政權移交而忽略的社會建設，推出多項不實際的社會表面工程計畫」。陳氏總結董建華政府不論在經濟或政治方面，面對各種危機的處理手法欠理想，回歸初期同時推動多個重要的改革方案，陳氏形容其為「太多、太快、多線同時執行」，[45]引起激烈的社會反彈。[46]

總體而言，陳氏對首屆香港特區政府施政的評價，頗為負面。董建華政府的失敗，驅使部分香港市民懷念起英治香港的日子。儘管如此，當時的陳氏對未來特區仍抱有希望。2003年「七一遊行」在陳氏看來，是特區政府與香港社會民意脫鈎的爆發點。陳氏同意香港從來不只是一個經濟城市，香港在往後的日子裡，也不應該只是擔當一個經濟城市的角色。[47]

香港人的政治意識有著其歷史延續性，始於19世紀中期，在清朝與英帝國的國際衝突下，以及其他因素，如孫中山、國共兩黨、港英政府的介入和激化，導致的各種群眾運動。這些社會運動持續壯大香港人的愛國心和粵人情結，同時受20世紀各項中外國際大事所強化，草根階層以此爭取自身權益和社會公義。他覺得港英政府、香港特區皆一直「有意無意忽略或淡化」香港社會的政治參與程度和歷史，引導香港社會重經濟而輕政治。加上那些在國共內戰及1949年以後逃難到香港的內地移民，對中國國內

---

[45] 按陳氏之原文，即是"Too much, too soon, all at once, multifront chain"。

[46] Ming K. Chan & Alvin Y. So, *Crisis and transformation in China's Hong Kong* (Hong Kong: Hong Kong University Press, 2002), pp. 1-19.

[47] 陳明銶著：〈1949-1979年香港政治運動再探討〉，載《信報財經月刊》第331期，2004年10月，第44-47頁。

黨派政治鬥爭的厭惡，少談論政治事務，所以才產生香港人政治冷感這一迷思。當中的含義，可能想表達香港人有自己的政治化基礎，不必回頭求助於被淘汰的政權。無論是在港英政府或特區政府的管治下，香港人都會面對政府施政的失敗以及民意被忽視，其政治意識會被激發，將社會不公轉化為政治抗爭的局面，香港反而自動變成政治城市。所以理想化和過分憧憬港英時代，都是無謂及有害的懷舊思想。

正是首屆特區政府的存有改進空間，加上不可預測的外在因素，如亞洲金融風暴危機和中國市場的壯大，香港經濟反而是出乎意料地成為「回歸後的最大危機」。由此引發的社會不滿也升級至政治層面，回歸短期即觸發香港人對「一國兩制」運行的疑問。陳氏認為北京政府在香港回歸初期大致上遵守《基本法》，但香港回歸後因為特區政府施政的緣故，帶動中央政府的介入，「一國兩制」的實行與前景很快遭到國際的質疑。[48]

在回歸中國的大環境下，特區政府內部的政治取向與力量皆偏向左派。政治失衡、錯誤的政治改正、黨派鬥爭加劇政治緊張與社會兩極分化。經濟方面也引發了社會憂慮，中國市場壯大分攤外資在香港經濟的利益，也讓香港人害怕過於依賴內地，失去獨特性而變成中國的普通城市。種種事件都激發香港人對香港前景的信心危機。

若要嘗試簡單概括陳氏對「一國兩制」的具體看法，可以說他認為「五十年不變」的回歸原則，實際上是一個香港被內地逐漸融合、吸收的過程，因此香港無論政治、經濟、法律向內地靠近，應該被視為必然的趨勢。政治與經濟的困局雖然對「一國兩

---

[48] 陳明銶著：〈殊途同歸，二之一〉，載《信報財經新聞》1999年12月20日（香港：信報有限公司，1989）。

制」的運行造成障礙，但核心問題是香港人的身分認同。[49]

陳氏認為香港人在身分認同較為複雜，主要因為內地移民的加入。他指出了香港人的組成部分，並不能與中國作簡單的二元劃分，部分香港人就是以往的內地人，他們在兩地的生活經歷塑造了其對「祖國故土」複雜與矛盾的回憶情懷。所以也導致了他們在兩個政權下的身分定位模糊不清，或者說是「部分重疊」。陳氏認為1997年的五十年回歸進程，就是要解決香港人的身分歸屬問題，中國政府的主要目標，也是在五十年以內，令香港人「信服」中國政府，接受完全融入內地社會。

陳氏多次強調特區政府的角色和責任，保持香港特有的軟件優勢，如民主社會環境與法律保障，積極突出香港與內地先進城市的不同，才是香港未來發展的價值所在，也是為了吸引台灣和平回歸中國，達至香港與澳門「一國兩制」的終極目標，而不是盲目追求與中國內地的同化。[50]所以港澳兩個特區政府與北京政府的「順利合作」，有著重要的政治和歷史意義。

澳門回歸時期發展分析

香港、澳門皆先後回歸並實行「一國兩制」，引起陳氏的注意。然而經過幾年的運作，兩者呈現出截然不同的結果。大約從2003年末開始，他發表有關澳門特區發展的評論，[51]後來進一步

---

[49] Ming K. Chan, *China's Hong Kong transformed: retrospect and prospects beyond the first decade* (Hong Kong: City University of Hong Kong Press, 2008), pp. 1-40.

[50] Ming K. Chan & Gerard A. Postiglione, *The Hong Kong reader: passage to Chinese sovereignty* (Armonk: M.E. Sharpe, 1996), pp. 3-40.

[51] Ming K. Chan, "Different Roads to Home: The Retrocession of Hong Kong and Macau to Chinese Sovereignty." *Journal of Contemporary China* 12, no. 36 (December 2003).

分析澳門在「一國兩制」下，相對成功的因素，以及強調其對中國在全球發展的重要性，帶出香港值得向其借鑑。

陳氏指出，澳門的社會和政治環境與香港有所不同。簡單來說，澳門人重視社會和諧及謀生，多於參與政治活動。他們對於經濟發展的追求，超越了政治訴求。儘管澳門在近代群眾運動和革命擔當一定的角色，顯然澳門的政治化轉變不如香港一樣強烈，澳門民主派的政治力量仍然薄弱。如果要說香港的經濟城市和政治冷感形象是「迷思」，那麼澳門則是「現實」。另外，澳門行政長官何厚鏵深受澳門社會擁戴。如同分析董建華的個人特質一樣，陳氏也觀察他上任以來的言行舉動，以及如何在澳門特區政府內部發揮影響力。何厚鏵參考香港特區的失敗，更多重視與社會的諮詢溝通，在地方政治上採取妥協。他的行事作風也較為低調。澳門和北京互相尊重，大致上可以說是「互相良性自我約制的默契」。[52]

兩者關係相較香港而言來得更為「融洽」，因為何厚鏵的個人特質以及與中央緊密的身世背景外，這些澳門在「一國兩制」下成功的因素背後，有更加深遠的歷史背景。陳氏似乎傾向將其總結為「政府的差異」。[53]這必須要追溯到明代時期葡萄牙帝國在澳門建立據點之後的歷史發展。整體而言，葡澳政府與近代中國政府在外交事務上，甚少產生激烈摩擦，因此雙方關係穩定友好。澳門特區的政府行政體系穩定。其官僚架構繼承自葡澳政府，已有一定的官員問責制度基礎，無需如香港特區一樣在2002年7月，對官僚行政體系做出突然且衝擊性的改動，而且即使澳

[52] 陳明銶著：〈澳門特區五周年評析〉，載《信報財經月刊》第333期，2004年12月，第8-14頁。

[53] 陳明銶著：〈殊途同歸，二之一〉。

門官員面對失職批評，也未必要辭退。所以澳門官員及公務員長期共事，配合程度與辦事效率也較高。

陳氏肯定澳門特區在回歸初期的表現較香港好。[54]在一些重大措施的落實上參照香港特區，如開放內地自由行，以解決1997年亞洲金融危機衍生的治安與本地經濟問題。上述的政治因素也有效帶動了澳門特區成立之初經濟向好。但他評論何厚鏵第二任期的施政表現時，表達擔憂澳門將會面對挑戰和社會矛盾，並指出其第一任期施政的負面後果和影響陸續出現。[55]

澳門特區政府的賭業傾斜政策，導致「賭場資本主義」的誕生，進一步動搖了澳門與中央政府的關係。陳氏認為最初令澳門經濟增長的方針，慢慢在社會出現反作用。[56]賭博的負面性質，如沉迷、扭曲道德價值，影響社會風氣及新生代前途。他甚至列舉歐文龍貪汙和洗黑錢的事件，說明賭業的敗壞風氣滲入政府機關。此外，為扶持賭博業務，社會硬件配套需求大增。圍繞賭業出現的基建項目吸引大量合法和非法工人入境，衝擊澳門本地勞動市場。由此產生的社會矛盾，以及賭場產業引發的通脹問題，威脅特區的管治和政治認受性。換句話說，澳門的社會和政治問題加劇，歸根於經濟環境改變過快，嚴重威脅勞工市場及物價，導致澳門本地抗議與遊行增加。也是從2008年開始，北京政府眼見外國博彩力量在澳門成長，憂慮澳門的經濟發展過分受制與海外勢力，便運用行政手段及根據《國安法》限制澳門賭場

---

[54] Ming K. Chan & Sonny Lo, "The Macao SAR's First Five Years: A Preliminary Historical Review", *Oriente Occidente* 14 (September-December, 2004).

[55] 陳明銶著：〈實踐「一國兩制」的另一經驗　陳明銶——澳門特別行政區創建十載之回顧〉，載《信報財經月刊》第388期，2009年7月，第4-12頁。

[56] 陳明銶著：〈超越「夏灣拿化」現象〉，載梁潔芬等編：《中國澳門特區博彩業與社會發展》（香港：城市大學，2010），第xviii- xviii頁。

資本主義發展。另外，隨之而來的金融海嘯，雙重打擊澳門經濟，標誌著澳門回歸後的首次經濟衰退以及北京加緊干預特區事務。

直到2014年，陳氏在其著作中表示「澳門賭場資本主義」及其衍生問題仍然存在。澳門政府依然沒有經常重視社會對立聲音。陳氏覺得要有效解決經濟危機，必先要同時進行政治改革。[57]雖然澳門特區經濟下滑，但陳氏認為澳門對比香港，有更大機會和能力成為「後殖民時期」的成功轉型個案。當然，在陳氏的論述中，不難看出無論是澳門或香港，「一國兩制」的成功，意味要接受或部分接受北京管治。澳門得益於獨特的歷史背景，可以成為香港以外，另一個對中國擴大全球影響力的重要門戶。

配合中國的「一帶一路」經濟外交策略，澳門可以成為接駁中國與「一國兩制」葡語系國家（Lusophone bloc）的橋梁。[58]陳氏認為自葡萄牙帝國占領澳門開始，以澳門為核心的中葡關係，衍生出與其他國家和層面的互動，是世界歷史上早期的跨太平洋全球化例子之一。[59]後來因為歐洲權力的變動，葡萄牙曾歸入西班牙王室統治下，進一步聯繫各西班牙殖民地，形成更大的葡語—西班牙語—伊比利亞地區互相聯繫概念。歷史潮流造就了中國內地、澳門、葡萄牙、西班牙和各遍布非洲及拉丁美洲各地的前

57 Ming K. Chan & Elio W. Y. Yu, *China's Macao transformed: challenge and development in the 21st century* (Hong Kong: City University of Hong Kong Press, 2014).

58 陳明銶著：〈「澳門因素」與中國〉，載《信報財經月刊》第437期，2013年8月，第74-77頁。

59 Ming K. Chan, "Three Oceans, Four Continents & Five Centuries of the Luso-Asian Interface: A TransPacific Perspective on Historical Portuguese Globalization Beyond 1513-2013." In Portugal Midway to Europe and the World. Lisbon: 2013.

西葡殖民地之間的特殊關係。陳氏將其稱之為結合地緣、宗教和貿易的「葡式／伊比利亞式—天主教—商貿—全球化」。這一個聯繫集團的人口流動頻密，在澳門產生了獨特的群體，即為土生葡人或海外葡人社群。這個群體是歷史下的產物，意指在澳門出生及生活葡亞混血兒。他們擁有外來者血緣及文化，卻至少一生中大部分時間都未離開過澳門。隨著時間的推移，土生葡人融合了原有的當地以及外地文化，重新塑造澳葡社會。陳氏視他們為「獨特的葡澳文化」的擁有者和守護者，也因為他們也是澳門中西文化融合的代表，非常看重其作為葡人和華人交流的「中介人」。而且澳門也可能是亞洲最好的葡語和葡式體制，包括官僚體制與法律制度的教學中心，有待進一步開發。陳氏建議中國運用這一優勢和歷史遺產，透過澳門向海外地區輸出軟實力。[60]將澳門獨特歷史背景及制度優勢結合論述，是陳氏近年討論中國，乃至國際局勢的重要部分。[61]

從上述可見，陳氏很早就提出澳門應成為「一帶一路」其中一站，以文化軟實力舒緩「澳門賭場資本主義」的傷害。然而對於澳門在「一帶一路」的角色定位，最遲也要在2016年才得到討論，[62]直到2018年開始澳門政府正式關注，[63] 2019至2020年有關此議題的書籍進一步增加。這些近年的學術著作和研究報告，

---

[60] Ming K. Chan, "Sino-Luso Soft Power Dynamics in Macau's Transformation since 1553." *Crossings II: Brazil, Portugal and Greater China*, Conference Vo Leiden: Brill, 2017.

[61] Ming K. Chan, "Macao Then and Now: Historical Contour and Contemporary Assessment." In *Macao, Breakthrough Change in China's Special Administrative Region*, edited by Ming Chan & Jack Leong. Toronto: University of Toronto Press, 2017.

[62] 馮並著：《「一帶一路」：全球經濟的互聯與躍升》（北京：民主法制，2016），第342-357頁。

[63] 澳門特別行政區政府政策研究室等編：《「一帶一路」與澳門發展》（澳門：澳門基金會，2018）。

均認同澳門應該限制本地博彩業的發展，[64]不但要實施粵港澳共融，[65]更要與葡語國家合作，[66]促進澳門與拉丁美洲的交流。[67] 2019年12月19日，國家主席習近平到訪澳門，視察「中國與葡語國家商貿合作服務平台綜合體」，正是體現中國領導層對澳門與葡語國家的經濟交流高度重視。這間接印證陳氏強調澳門在中葡關係的「中介」地位。至於現今受到熱烈討論的「大灣區」議題，其實陳氏也早已提及，但主要是以港澳特區政府運作狀況，分析兩者政策的成效，從而推敲未來中、港、澳三地的社會發展方向。因此，陳氏提倡「邁向2047」、「完全融合」、「後特區時代」等概念，即是如今「粵港澳大灣區融合」的前身。[68]陳氏早在研究工運時就注意到，廣東地區的獨特歷史背景，往往成為中國向現代化邁進的源頭，啟蒙北方其他地區。如今陳氏提倡廣東地區，特別是港澳特區，成為「一帶一路」其中一部分，推動國際形象。這正符合中央政府及國務院所宣傳「構建以粵港澳大灣區為龍頭，以珠江—西江經濟帶為腹地，帶動中南、西南地區發展，輻射東南亞、南亞的重要經濟支撐帶。」的發展藍圖，[69]也是以行動證明廣東地區不但能輸入外來學識和技術，更能反向輸出自身特色和優勢。陳氏和中央政府看待「粵港澳大灣區」在

---

[64] 劉洋等著：《博彩業適度規模與產業結構多元化研究》（北京：社會科學文獻，2017），第243-246頁。

[65] 劉瀾昌編：《粵港澳共融》（香港：城市大學，2017）。

[66] 如傅建國著：〈携手葡語國家參與「一帶一路」建設〉以及李向玉：〈充分發揮澳門在葡語國家參與「一帶一路」建設中的作用〉，載澳門特別行政區政府政策研究室等編，《「一帶一路」與澳門發展》，第110-117頁。

[67] 魏丹著：〈澳門携手巴西等拉美國家共建「一帶一路」〉，載澳門特別行政區政府政策研究室等編：《「一帶一路」與澳門發展》，第251-257頁。

[68] 秦玉才等著：《粵港澳大灣區融合發展規劃研究》（台北：昌明文化，2019），第61-69頁。

[69] 國務院編：《粵港澳大灣區發展規劃綱要》（北京：人民出版，2019），第13頁。

「一帶一路」的角色，可以總結為「雙向跳板」。可見陳氏的遠見，獲得社會的認同及拓展，由最初陳氏自身的構想和理論，發展成實際運作和試驗的政策。

總結

陳明銶教授曾結交社會不同階層、年齡、界別人士，而且交情頗深，反映出他善於交際的個性。陳氏不會一直埋首書桌工作，按照他的學生及朋友描述，陳氏是一位動態學者和評論員，[70]他在旅遊中的所見所聞，也成為其學術理論及社政評論的具體參考。

陳氏彌補了學界對近代中國工運研究的課題，作出很大貢獻。其論點多圍繞著工運研究的理論，特別是廣東工運的分支題目，例如香港工運時期廣東政府與港英政府的關係、國民政府時期國民黨與共產黨在廣東工運的合作與分化。另外，陳氏一直關心兩岸三地事務，特別是香港回歸後的發展狀況。從他的政論以及著作中，不難察覺其對中、港、澳、台和平統一共處，有美好的願景。陳氏認為達至這一目標的重要條件，是維護及保障港澳特別行政區的制度穩定和經濟繁榮。透過對比兩地回歸後的局勢，陳氏分別明確區分了澳門及香港為「成功」及「失敗」的案例。但陳氏依然認為香港市民能憑著歷史教訓和制度遺產，在2047年中港「全面共融」之前發展自身優勢，保持香港在國際的

[70] 程美寶著：〈一個身影、一把聲音〉，載《陳明銶教授追思錄》，第43頁。李龍鑣著：〈一生展現學者風骨〉，載《陳明銶教授追思錄》，第57-60頁。譚志強著：〈那一年我倆風華正茂，今天卻是陰陽永隔〉，載《陳明銶教授追思錄》，第64頁。文灼非著：〈燃燒自己，照亮別人〉，載《陳明銶教授追思錄》，第66-67頁。

競爭力。陳氏也有多篇論述中美外交事務、美國選舉分析、國際事件評論等文章，惟篇幅所限不能詳細記述。[71]

陳氏透過工運研究兩岸三地華人的歷史淵源及情感聯繫，甚至是華南沿海地區的獨特國際地位，從而說明港澳回歸中國的歷史必然性，以及評論中國和國際，應如何透過這些地區，強化彼此的合作關係。陳氏由專門研究近代中國工運，總結出粵港澳三地的社會情誼，帶出自古以來廣東是中國進入國際的重要窗口，也是日後中國在世界舞台施展的關鍵基石。因此，可以說陳氏利用了自己的歷史學識，試圖為當今國際局勢建議未來發展方向。陳氏活躍於學術及社論界，印證了他兼具歷史學者及政論學者的雙重身分。

陳明銶教授著作目錄

學位論文

1. Ming K. Chan, "The Canton-Hong Kong General Strike and Boycott, 1925-1926," M.S. thesis, University of Washington, 1970.
2. Ming K. Chan, "Labor and empire: the Chinese labor movement in the Canton Delta, 1895-1927," Ph.D. Dissertation, Stanford University, 1975.

中文書籍

1. 梁寶霖、梁寶龍、陳明銶、高彥頤合編：《香港與中國工運回顧》（香港：香港基督教工業委員會，1982）。

[71] 主要發表在《信報財經新聞》，陳氏自1999年積極關注國際重要事件，以及悼念學界名人。詳見參考資料《信報財經新聞》部分。

2. 陳明銶主編、梁寶霖、梁寶龍、趙永佳、陸風娥等合編：《中國與香港工運縱橫》（香港：香港基督教工業委員會，1986）。
3. 陳明銶著：《落日香江紅：衛奕信政權的歷史挑戰》（香港：信報有限公司，1989）。
4. 陳明銶、饒美蛟主編：《嶺南近代史論：廣東與粵港關係，1900-1938》（香港：商務印書館（香港）有限公司，2010）。
5. 陳明銶、鮑紹霖、麥勁生、區志堅編：《中國與世界之多元歷史探論》（香港：香港城市大學出版社，2018）。

英文書籍

1. Ming K. Chan, *Historiography of the Chinese labor movement, 1895-1949: a critical survey and bibliography of selected Chinese source materials at the Hoover Institution* (Stanford: Hoover Institution Press, 1981).
2. Ming K. Chan & David J. Clark, *The Hong Kong Basic Law: blueprint for stability and prosperity under Chinese sovereignty?* (Armonk: M.E. sharpe, 1991).
3. Ming K. Chan & Arif Dirlik, *Schools into fields and factories: anarchists, the Guomindang, and the National Labor University in Shanghai, 1927-1932* (Durham, NC: Duke University Press, 1991).
4. Ming K. Chan, *The 1991 elections in Hong Kong: democratization in the shadow of Tiananmen* (Lanham, Md.: University Press of America, 1993).
5. Ming K. Chan & John D. Young, *Precarious balance: Hong Kong between China and Britain, 1842-1992* (Hong Kong: Hong Kong University Press, 1994).
6. Ming K. Chan & Gerard A. Postiglione, *The Hong Kong reader: passage to Chinese sovereignty* (Armonk: M.E. Sharpe, 1996).
7. Ming K. Chan, *The Challenge of Hong Kong's reintegration with China* (Hong Kong: Hong Kong University Press, 1997).
8. Ming K. Chan, *Hong Kong workers toward 1997: unionisation, labour activism and political participation under the China factor* (Oxford: Blackwell Publishers, 2001).

9. Ming K. Chan & Alvin Y. So, *Crisis and transformation in China's Hong Kong* (Hong Kong: Hong Kong University Press, 2002).
10. Ming K. Chan, *Different roads to home: the retrocession of Hong Kong and Macau to Chinese sovereignty* (Oxfordshire: Carfax Publishing, 2003).
11. Ming K. Chan & Wai-man Lam, *Understanding the political culture of Hong Kong: the paradox of activism and depoliticization* (Armonk: M.E. Sharpe, 2004).
12. Ming K. Chan & Sonny Lo, *Historical Dictionary of the Hong Kong SAR & the Macao SAR* (London & Langham: Scarecrow Press, 2006).
13. Ming K. Chan, *China's Hong Kong transformed: retrospect and prospects beyond the first decade* (Hong Kong: City University of Hong Kong Press, 2008).
14. Ming K. Chan, *The Luso-Macau Connections in Sun Yatsen's Modern Chinese Revolution* (Macao: International Institute of Macao, 2011).
15. Ming K. Chan, *Sino-U.S. links with a twist : historical and contemporary perspectives on American relations with China's Hong Kong and Macao* (Macao and Sino-U.S. relations, 2011).
16. Ming K. Chan & Elio W. Y. Yu, *China's Macao transformed: challenge and development in the 21st century* (Hong Kong: City University of Hong Kong Press, 2014).

中文學術文章

1. 陳明銶著：〈五四與工運〉，載汪榮祖編：《五四研究論文集》（台北：聯經出版事業有限公司，1979），第57-88頁。
2. 陳明銶著，張榮芳譯：〈資治通鑑的史學〉，《食貨月刊》第12卷第4-5期1982年8月（台北），第164-178頁。
3. 陳明銶著，張榮芳譯：〈資治通鑑的史學〉，《食貨月刊》第12卷第6期1982年9月（台北），第207-215頁。
4. 陳明銶著：〈清末反美杯葛運動（1905-1906）〉，載梁寶霖、梁寶龍、陳明銶、高彥頤合編：《香港與中國工運回顧》（香港：香港基督教工業委員會，1982），第5-8頁。

5. 陳明銶著：〈機工元老——馬超俊〉，載梁寶霖、梁寶龍、陳明銶、高彥頤合編：《香港與中國工運回顧》（香港：香港基督教工業委員會，1982），第24-26頁。
6. 陳明銶著：〈香港海員罷工（1922）〉，載梁寶霖、梁寶龍、陳明銶、高彥頤合編：《香港與中國工運回顧》（香港：香港基督教工業委員會，1982），第29-33頁。
7. 陳明銶著：〈省港大罷工（1925-1926）〉，載梁寶霖、梁寶龍、陳明銶、高彥頤合編：《香港與中國工運回顧》（香港：香港基督教工業委員會，1982），第43-47頁。
8. 陳明銶著：〈抗戰中的勞工〉，載梁寶霖、梁寶龍、陳明銶、高彥頤合編：《香港與中國工運回顧》（香港：香港基督教工業委員會，1982），第75-76頁。
9. 陳明銶著：〈香港在中國工運的角色〉，載梁寶霖、梁寶龍、陳明銶、高彥頤合編：《香港與中國工運回顧》（香港：香港基督教工業委員會，1982），第84-85頁。
10. 陳明銶著：〈民國初年勞工運動的再評估〉，載《中華民國初期歷史研討會論文集》（台北：中央研究院近史所，1984），第875-891頁。
11. 陳明銶著：〈孫中山先生與華南工運發展——民族主義，地方主義和革命動員〉，載《孫中山先生的近代史學術討論集（第一冊）》（台北：中央研究院近史所，1986），第265-285頁。
12. 陳明銶著：〈孫中山先生與清末民初廣東工運〉，載陳明銶主編：《中國與香港工運縱橫》（香港：香港基督教工業委員會，1986），第3-20頁。
13. 陳明銶著：〈愛國工人與漢口、九江英租界之收回〉，載陳明銶主編：《中國與香港工運縱橫》（香港：香港基督教工業委員會，1986），第36-52頁。
14. 陳明銶著：〈「知識與勞動結合」之教育實驗〉，載陳明銶主編：《中國與香港工運縱橫》（香港：香港基督教工業委員會，1986），第61-77頁。
15. 陳明銶著：〈國民政府南京時期之勞工政策〉，載陳明銶主編：《中國與香港工運縱橫》（香港：香港基督教工業委員會，1986），第92-108頁。
16. 陳明銶、單瑞蓮合著：〈戰前香港勞工調查〉，載陳明銶主編：《中國與香港工運縱橫》（香港：香港基督教工業委員會，1986），第111-115頁。
17. 陳明銶著：〈當前香港工會發展及其歷史淵源〉，載陳明銶主編：《中國與香港工運縱橫》（香港：香港基督教工業委員會，1986），第203-217頁。
18. 陳明銶著：〈略評近期國外對中國工運史之研究〉，載陳明銶主編：《中國與香港工運縱橫》（香港：香港基督教工業委員會，1986），第217-282頁。
19. 陳明銶、梁寶霖、梁寶龍合編：〈最近出版有關中國工運史之中文書籍簡目〉，載陳明銶主編：《中國與香港工運縱橫》（香港：香港基督教工業委員會，1986），第283-296頁。
20. 陳明銶著：〈機器工人和海員的早期活動史略〉，《珠海學報》第15卷1987年（香港），第354-361頁。
21. 陳明銶著：〈當前香港工會發展及其歷史淵源——行會意識、政治紛爭、和內部分裂〉，載陳坤耀、伍錫康、呂大樂編：《工運與社會發展：香港的經驗》（香港：香港大學亞洲研究中心，1988），第119-132頁。
22. 陳明銶著：〈近代香港與廣州的比較研究〉，《學術研究》第3期，1988年（廣州），第69-73頁。
23. 陳明銶著：〈中國勞工運動史研究〉，載六十年來的中國近代史研究編輯委員會：《六十年來的中國近代史研究》（台北：中央研究院近代史研究所，1989），第599-640頁。
24. 陳明銶著：〈從歷史角度看香港工運發展〉，載香港工會聯合會：《香港工運路向》（香港：新城文化服務有限公司，1989），第13-16頁。
25. 陳明銶著：〈晚清廣東勞工「集體行動」理念初撰〉，《中國社會經濟史研究》1989年第1期（廈門），第70-77頁。
26. 陳明銶著：〈清末民初中國城市群眾動員之形態〉，載章開沅、朱英合編：《對外經濟關係與中國近代化》（武漢：華中師範大學出版社，1990），第326-342頁。
27. 陳明銶著：〈近代粵系／嶺南幫構建全國政權之局限〉，載呂芳上編：《論民國時期領導精英》（香港：商務印書館（香港）有限公司，1991），第243-256頁。
28. 陳明銶著：〈香港學界近年研究民國史的成果〉，載周佳榮、劉詠聰合編：《當代香港史學研究》（香港：三聯書店（香港）有限公司，1994），第289-304頁。
29. 陳明銶著：〈珠江上的「炮船外交」——一九二零年代廣州海關事件與中英關係〉，載吳倫霓霞、何佩然編：《中國海關史論文集》（香港：中文大學崇基書院，1997），第469-496頁。
30. 陳明銶著：〈香港邁向1997不完善的國度：中國大陸與台灣關係的另一參考〉，載賴澤涵編：《台灣的四鄰論文集》（中壢：中央大學歷史研究所，1998），第151-170頁。
31. 陳明銶著：〈民初香港華人愛國行動初探——1912-13年「抵制電車」及1919年「五四運動」〉，載郝延平、魏秀梅編：《近世中國與傳統的蛻變》（台北：中央研究院近代史研究所，1998），第661-677頁。
32. 陳明銶著：〈粵港與上海異勢與互爭，1842-1949〉，《民國研究》總第16輯2009年冬季號（南京）。
33. 陳明銶著：〈超越「夏灣拿化」現象——澳門博彩業之社會影響及過度發展危機〉，載梁潔芬、盧兆興編：《中國澳門特區博彩業與社會發展》（香港：香港城市大學出版社，2010），第xviii-lxviii頁。
34. 陳明銶著：〈20世紀初年廣東在近代中國轉化之歷史角色〉，載陳明銶、饒英蛟編：《嶺南近代史論：廣東與粵港關係1900-1938》（香港：商務印書館（香港）有限公司，2010），第1-31頁。
35. 陳明銶著：〈香港與孫中山革命運動之多元關係（1895-1925）：革命基地兼革命對象的重疊角色〉，載麥勁生、李金強編：《共和維新：辛亥革命百年紀念論文集》（香港：香港城市大學出版社，2013），第235-258頁。
36. 陳明銶著：〈跨境及多元文化下之複雜工作——香港口述歷史基金會

項目嘗試〉，載李向玉著：《眾聲平等：華人社會口述歷史的理論與實務》（澳門：澳門理工學院，2013）。

37. 陳明銶、區志堅合編：〈中國現代化的廣東因素〉，載沈清松主編：《中華現代性的探索：檢討與展望》（台北：國立政治大學出版社，2013），第89-150頁。

38. 陳明銶著：〈香港特區新時代之中國歷史及本土歷史教育新意念〉，載李向玉編《天人古今：華人社會歷史教育的使命與挑戰》（澳門：澳門理工學院，2014）。

39. 陳明銶著：〈在革命前線——1920年代中粵港工運重點勾劃綱要〉，載周奕、伍錫康、梁寶霖、梁寶龍：《粵港工人大融合——省港大罷工九十週年回顧論文集》（香港：香港社會保障學會、香港工運史研究小組，2017），第33-62頁。

40. 陳明銶著：〈中國近代史之「香港因素」與香港研究之「大中華」基礎理念：全球，區域，國家及本地層次論述〉，載「香港的歷史與社會研究」國際學術研討會：《香港的歷史與社會研究》（香港：「香港的歷史與社會研究」國際學術研討會籌委會，2017），第16-24頁。

41. 陳明銶著：〈「盡信書不如無書」：淺談香港歷史課程改革兼評洋學者所著香港歷史教科書〉，載李帆、韓子奇、區志堅編：《知識與認同：現代學者論教育及教科書》（香港：中華書局（香港）有限公司，2017）。

42. 陳明銶著：〈中國與葡萄牙全球化交往之「澳門因素」五百年回顧〉，載陳明銶、鮑紹霖、麥勁生、區志堅編：《中國與世界之多元歷史探論》（香港：香港城市大學出版社，2018），第27-51頁。

43. 陳明銶著：〈第一次世界大戰全球權力重建對香港群眾運動影響1919-1926〉，載《第一次世界大戰百年紀念論文集》（2019）（未刊稿）。

44. 陳明銶、鄭華君著：〈北美華人學者探討大中華地區歷史教科書與博雅教育精神之「中華性」軟實力〉，載《清華社會學評論》（2019）（未刊稿）。

英文文章

1. Ming K. Chan & Carlos D. González-Richmond, "Reviewed Work: Crisis and prosperity in sung China," *Estudios de Asia y África,* 11(1), 1976, pp.141-146.
2. Ming K. Chan & Carlos D. González-Richmond, "Reviewed Work: Three and a half powers: the new balance in Asia." *Estudios de Asia y África,* 11(3), 1976, pp.371-380.
3. Ming K. Chan & Magdalena Villaseñor, "Reviewed Work: Guildas tradicionales y sindicatos modernos en China meridional: evolución histórica," *Estudios de Asia y África,* 11(3), 1976, pp.278-304.
4. Ming K. Chan, "Reviewed Work: Hsi-sheng Ch'i. Warlord politics in China, 1916-1928," *studios de Asia y África,* 14(4), 1979, pp.762-76.
5. Ming K. Chan, "The Annals of the American Academy of Political and Social Science", *The Future of Hong Kong,* 547, 1996, pp.11-23.
6. Ming K. Chan, "Imperfect Legacy: Defects in the British Legal System in Colonial Hong Kong," *University of Pennsylvania Journal of international Economic Law,* 18(1), 1997.
7. Ming K. Chan, "Reviewed Work: Marxist Intellectuals and the Chinese Labor Movement: A Study of Deng Zhongxia 1894-1933", *The China Journal,* 41, 1999, pp.245-246.
8. Ming K. Chan, "Reviewed Work: Hong Kong's History: State and Society under Colonial Rule by Taking Ngo," *The China Journal,* 47, 2002, pp.207-209.
9. Ming K. Chan, "Different Roads to Home: The Retrocession of Hong Kong and Macau to Chinese Sovereignty", *Journal of Contemporary China,* 12, no. 36 (December 2003).
10. Ming K. Chan & Sonny Lo, "The Macao SAR's First Five Years: A Preliminary Historical Review," *Oriente Occidente,* 14 (September-December, 2004).
11. Ming K. Chan, "US-China Links With a Twist: American Relations with Hong Kong and Macao in Historical and Contemporary Perspectives." In *Macao and Sino-*

US Relations, edited by Yufan Hao & Jingwei Wang. Lanham: Lexington, 2011.

12. Ming K. Chan, "Three Oceans, Four Continents & Five Centuries of the Luso-Asian Interface: A TransPacific Perspective on Historical Portuguese Globalization Beyond 1513-2013." In *Portugal Midway to Europe and the World*. Lisbor: 2013.
13. Ming K. Chan, "Reviewed Work: *Hong Kong Management and Labour: Change and Continuity", The China Journal,* 50, 2013, pp.218-220.
14. Ming K. Chan & Lawrence K. K. Ho, "From Minimum Wage to Standard Work Hour: HKSAR Labour Politics in Regime Change" *Journal of Current Chinese Affairs*, 42(3), 2013, pp.55-86.
15. Ming K. Chan, "Reflections on Five Centuries of Sino-European Interface: Contrasting the Soft Power Dynamics in Macau and Hong Kong." In *Macau-in-Coimbra. Highlights from the EACS 2014 Conference*, edited by Ming Chan, Jorge Rangel et al. Macao: IIM, 2015.
16. Ming K. Chan, "Macao Then and Now: Historical Contour and Contemporary Assessment." In *Macao, Breakthrough Change in China's Special Administrative Region*, edited by Ming Chan & Jack Leong. Toronto: University of Toronto Press, 2017.
17. Ming K. Chan, "Sino-Luso Soft Power Dynamics in Macau's Transformation since 1553", *Crossings II: Brazil, Portugal and Greater China*, Conference Vo Leiden: Brill, 2017.

序言

1. 陳明銶著：〈序〉，載文灼非編：《永遠記得那些日子　香港大學學生會北美交流團文集》（香港：香港大學學生會北美交流團，1990），第1頁。
2. 陳明銶著：〈序〉，載程美寶、趙雨樂合編：《香港史研究論著選輯》（香港：香港公開大學出版社，1999），第1-2頁。
3. 陳明銶著：〈陳明銶教授序〉，載文灼非著：《採訪心影錄——十年磨劍》（香港：田園書店，1999），第1-2頁。

4. 陳明銶著：〈序二〉，載盧兆興、余永逸、鄺錦鈞、伊國輝、張逸峰合著：《董建華政府管制危機與出路》（香港：明報出版社，2002），第2-3頁。
5. 陳明銶著：〈序三：從口述歷史　透視大環境〉，載陳惜姿、譚暉、葉沛渝合著：《不認命的故事——工盟20年》（香港：香港職工會聯盟，2010），第9-11頁。
6. 陳明銶著：〈序：以電影通古今之變〉，載沈旭輝者：《國際政治夢工場II（下卷）》（香港：上書局，2009），第9-11頁。
7. 陳明銶著：〈陳明銶序〉，載梁寶龍著：《汗血維城——香港早期工人運動》（香港：中華書局（香港）有限公司，2017），第iii-vi頁。
8. 陳明銶著：〈序二：百年香港海關與中外交流及中港融合〉，載區志堅、陳和順、何榮宗合編：《香港海關百年史》（香港：中華書局（香港）有限公司，2009），第xi-xiv頁。
9. 陳明銶著：〈序：省港大罷工九十年之今昔對比——香粵群人眾與融合流之愛國動員〉，載省港大罷工九十週年回顧論文集編輯委員會編：《粵港工人大融合——省港大罷工九十週年回歸論文集》（香港：香港社會保障學會、香港工運史研究小組，2017），第1-4頁。
10. 陳明銶著：〈序〉，載區志堅編：《龍總顯威——九龍總商會75週年發展史》（香港：九龍總商會，2014），第5-7頁。
11. 陳明銶口述，林浩琛整理：〈「既讀萬卷書，更行萬里路」——《穿越歷史長河之驚濤駭浪》序〉，載《春秋》2017年7-9月號第3季第1098-1100期（香港），第31-35頁。
12. 陳明銶口述，林浩琛整理：〈前言：從「中國之世界城市軟實力角度看香港〉，載陳明銶、飽紹霖、麥勁生、區志堅編《中國與世界之多元歷史探論》（香港：香港城市大學出版社，2018），第xxi-xxxii頁。
13. 陳明銶著：〈序〉，載譚志廣著：《百年之路——澳門文化遺產的保護》（台北：學生書店，2018）。
14. 陳明銶著：〈序：志決保育鏡海文遺序〉，載譚志廣著：《澳門文化遺產保護公民參與的挑戰》（香港：香港城市大學出版社，2018）。

15. 陳明銶著：〈序：澳門葡裔的文化〉，載施安東（António M. Jorge da Silva）著，葉浩男譯：《跨文化時空的葡亞人——澳門葡裔的演化》（*CRONOLOGIA DA HISTÓRIA DE MACAU*）（香港：中華書局（香港）有限公司，2019），第 vi-xiii 頁。
16. 陳明銶著：〈序：懷念香港又一村創建者之足跡印記〉，載余皓媛、區志堅著：《余達之路——糖薑大王與戰後香港》（香港：香港城市大學出版社，2020）

在香港《信報》發表的文章

1. 陳明銶著：〈「五四」與現代中國群眾運動〉，1999年5月4日。
2. 陳明銶著：〈新興社會力量推動建設民主中國〉，1999年5月5日。
3. 陳明銶著：〈美軍地圖失誤？歷史悲劇重演！——從太平洋兩岸看中國大使館被炸的回響〉，1999年5月14日。
4. 陳明銶著：〈新政治秩序下的中港互動〉，1999年10月6日（中港關係五十年・二之一）。
5. 陳明銶著：〈香港轉化成中國本體的挑戰〉，1999年10月7日（中港關係五十年・二之二，全系列完）。
6. 陳明銶著：〈柏林圍牆崩倒十週年——兼論統一，合併，團結〉，1999年11月9日。
7. 陳明銶著：〈殊途同歸——香港與澳門回歸中國的比較〉，1999年12月20日（港澳回歸之比較・二之一）。
8. 陳明銶著：〈港澳回歸五項主要歧異〉，1999年12月25日（港澳回歸之比較・二之二，全系列完）。
9. 陳明銶著：〈美國學者研探台灣選舉及中美台關係變局〉，2000年4月20日。
10. 陳明銶著：〈國會對決戈爾下風〉，2000年11月18日。
11. 陳明銶著：〈布殊父子政權與台海關係借〉，2001年3月24日（喬治布殊與兩岸關係・三之一）。

12.陳明銶著：〈布殊應先取得兩岸當局信任〉，2001年3月26日（喬治布殊與兩岸關係・三之二）。
13.陳明銶著：〈炮艦外交新插曲——六十年代與當今特區就美艦訪港的中美爭議〉，2001年6月12日。
14.陳明銶著：〈從楊光受勳談六七暴動的國際背景〉，2001年10月3日。
15.陳明銶著：〈英方堅拒澳門模式盡力維持管治〉，2001年10月4日。
16.陳明銶著：〈向前看向後看一念之差觸動歷史傷痕〉，2001年10月6日。
17.陳明銶著：〈香港回歸與福克蘭戰爭英國阿根廷南大西洋主權爭奪二十週年回顧〉，2002年5月20日（香港回歸與福克蘭戰爭・三之一）。
18.陳明銶著：〈福克蘭戰爭國際因素定勝敗〉，2002年5月21日（香港回歸與福克蘭戰爭・三之二）。
19.陳明銶著：〈海島故事與港阿對比〉，2002年5月22日（香港回歸與福克蘭戰爭・三之三，全系列完）。
20.陳明銶著：〈拉丁美洲與北美的發展差距——從阿根廷全融風暴，委國政變到世界盃足球賽〉2002年6月25日，（南北美洲發展差距・三之一）。
21.陳明銶著：〈南北美洲政治制度有天淵之別〉，2002年6月26日（南北美洲發展差距・三之二）。
22.陳明銶著：〈美國與拉丁美洲存在嚴重分歧〉，2002年6月27日（南北美洲發展差距・三之三，全系列完）。
23.陳明銶著：〈從蘇彝士至巴拿馬的運河帝國主義〉，2003年2月25日（巴拿馬運河與霸權主義，三之一）。
24.陳明銶著：〈美國的巴拿運河投資與霸權〉，2003年2月26日（巴拿馬運河與霸權主義・三之二）。
25.陳明銶著：〈英法在中東與拉美的運河霸權〉，2003年2月27日（巴拿馬運河與霸權主義・三之三，全系列完）。
26.陳明銶著：〈政府與商界關係之歷史回顧〉，2004年6月25日。
27.陳明銶著：〈美國總統大選走勢評析〉，2004年10月25日。
28.陳明銶著：〈彭定康論歐盟與美國關係〉，2005年6月7日（彭定康論歐美關係・二之一）。

29. 陳明銶著：〈美國切忌一意孤行〉，2005年6月8日（彭定康論歐美關係・二之二，全系列完）。
30. 陳明銶著：〈美英外交傳媒老手論美歐關係〉，2005年6月22日（專家論美歐關係・二之一）。
31. 陳明銶著：〈美國稍欠自知之明〉，2005年6月23日（專家論美歐關係・二之二）。
32. 陳明銶著：〈楓葉國，港澳情——魁北克的啟示〉，2006年4月7日。
33. 陳明銶著：〈禮失而求諸野——胡佛研究所近代中國檔案簡介〉，2006年5月2日。
34. 陳明銶著：〈名家眼中的巨星——胡佛研究所追思佛利民〉，2007年1月29日（追思佛老之一）。
35. 陳明銶著：〈名家雲集悼念一代學術巨人〉，2007年1月30日（追思佛老之二）。
36. 陳明銶著：〈香港史教研和課程新建議〉，2007年6月7日（香港歷史與中國近代史・二之一）。
37. 陳明銶著：〈身份認同，文化定位，國民教育〉，2007年6月5日（香港歷史與中國近代史・二之二）。
38. 陳明銶著：〈從移民法案受挫看布殊極權的沒落〉，2007年8月9日。
39. 陳明銶著：〈冷戰會否重燃——近期英美關係新發展透視〉，2007年8月。

在香港《信報月刊》發表的文章

1. 陳明銶著：〈衛奕信筆下的〉，第121期，1987年4月，第66頁。
2. 陳明銶著：〈周恩來支付……〉，第124期，1987年7月，第4-11頁。
3. 陳明銶著：〈港英黃昏近〉，第130期，1988年1月，第36-42頁。
4. 陳明銶著：〈一國三制〉，第131期，1988年2月，第37-43頁。
5. 陳明銶著：〈香江翻濁浪〉，第134期，1988年5月，第4-5頁。
6. 陳明銶著：〈窮途之支路孤城田〉，第136期，1988年6月，第4-10頁。

7. 陳明銶著：〈大選舉透視美國〉，第140期，1988年11月，第38-48頁。
8. 陳明銶口述，林國棟筆錄：〈中東戰火伊於胡莊〉，第167期，1991年2月，第14-16頁。
9. 陳明銶口述，李秀娟筆錄：〈港督的香港政制發展〉，第183期，1992年6月，第11-15頁。
10. 陳明銶著：〈具學者良知〉，第298期，2002年1月，第65-66頁。
11. 陳明銶著：〈遊輪旅遊〉，第301期，2002年4月，第66-73頁。
12. 陳明銶著：〈香港特區的危機〉，第304期，2002年7月，第4-8頁。
13. 陳明銶口述，文灼非筆錄：〈美國共和黨智囊團人才鼎盛〉，第308期，2002年11月，第49-56頁。
14. 陳明銶口述，文灼非、廖美香筆錄：〈顧問團成員對本刊評比〉，第319期，2003年10月，第40-48頁。
15. 陳明銶著：〈海上旅遊新趨向〉，第322期，2004年1月，第68-73頁。
16. 陳明銶著：〈美國的兩岸政策〉，第324期，2004年3月，第4-10頁。
17. 陳明銶著：〈公共知識份子〉，第328期，2004年7月，第156-159頁。
18. 陳明銶著：〈1949-1979香港政治運動〉第331期，2004年10月，第44-47頁。
19. 陳明銶著：〈澳門特區五週年〉，第333期，2004年12月，第8-14頁。
20. 陳明銶著：〈有瑕疵的遺產〉，第342期，2005年9月，第49-53頁。
21. 陳明銶著：〈跨越太平洋〉，第350期，2006年5月，第46-49頁。
22. 陳明銶口述，文灼非筆錄：〈曾蔭權的評價〉，第351期，2006年6月，第7-9頁。
23. 陳明銶口述，陳家宏筆錄：〈中港十年大變遷〉，第363期，2007年6月，第4-8頁。
24. 陳明銶著：〈2008年美國總統〉，第380期，2008年11月，第54-57頁。
25. 陳明銶著：〈奧巴馬新政〉，第382期，2009年1月，第77-79頁。
26. 陳明銶著：〈實踐「一國兩制」〉，第388期，2009年7月，第4-12頁。
27. 陳明銶著：〈解構中美關係〉，第399期，2010年6月，第6-15頁。
28. 陳明銶著：〈香港辛亥革命〉，第415期，2011年10月，第67-71頁。
29. 陳明銶著：〈內政外交多事之秋〉，第417期，2011年12月，第26-31頁。

30.陳明銶著：〈邁向2047〉，第421期，2012年4月，第72-75頁。
31.陳明銶著：〈恆指之父〉，第428期，2012年11月，第107-109頁。
32.陳明銶著：〈立足此時此地〉第431期，2013年2月，第148-150頁。
33.陳明銶著：〈楊汝萬〉，第436期，2013年5月，第66-70頁。
34.陳明銶著：〈「澳門因素」的中國〉，第437期，2013年6月，第74-77頁。
35.陳明銶著：〈中西方軟實力〉，第452期，2014年11月，第87-91頁。

發表在其他刊物文章

1. 陳明銶著：〈史丹福大學　背後的動人故事〉，載《明報周刊》第903期，1986年3月2日（香港：明報），第68-69頁。
2. 陳明銶著：〈在學術尖端的史丹福大學〉，載《明報周刊》第904期，1986年3月9日（香港：明報），第48-49頁。
3. 陳明銶著：〈報考史丹福大學五點須知〉，載《明報周刊》第905期，1986年3月16日（香港：明報），第64-65頁。
4. 陳明銶著：〈史丹福大學被譽為「全美最佳大學」〉，載《明報周刊》第906期，1986年3月23日（香港：明報），第54-55頁。
5. 陳明銶著：〈談大學教研理想及校風等風之建樹〉，載香港大學學生會主編《香港教育制度全面檢討》（香港：金陵出版社，1987），第37-40頁。
6. 陳明銶著：〈從歷史觀看中港關係〉，載《崇基校刊》第68期，1988年8月9日（香港），第13-15頁。
7. 陳明銶講述，大會錄音記錄：〈勞工運動為香港特區社會平衡的支柱〉，載《國際自由勞聯——亞太區組織國際大會香港工運跨越九七——共同的承擔報告會》（香港：香港職工會同盟，1996），第83-90頁。
8. 陳明銶著：〈帝國落日，王室星殞，紅顏薄命〉，載《星島日報》（歐洲版，倫敦出版）第205期，1997年9月13日
9. 陳明銶著：〈香港邁向中國主權過渡期之回顧〉，載《香港浸會大學國事學會十二年特刊》（香港：1997年2月）。

10.陳明銶著：〈澳門的獨特經驗值得全球關注〉，載《紫荊》第180期，2005年10月1日（香港），第26-29頁。
11.陳明銶著：〈特朗普主政美國新形勢中美的「10T議題」〉，載《灼見名家周年論壇2017環球策略與香港新願景》（香港：灼見名家傳媒，2016年11月28日），第80-82頁。
12.陳明銶著：〈粵港澳大灣區——中國近代全球化互動的發源地〉，載《灼見名家周年論壇2018施政新思維》（香港：灼見名家傳媒，2017年10月26日），第78-82頁。
13.陳明銶著：〈特朗普時代的中共博弈〉，載《商薈》（香港：中華總商會，2017年5月），第23-25頁。
14.陳明銶著：〈中美關係緊張，是否全面對抗的冷戰重臨？〉，載《灼見名家周年論壇：2019國際新變局特刊》（香港：灼見名家傳媒，2018年10月）。

此目錄經陳明銶教授於2018年10月28日自審稿。

介紹與工運史研究有關的陳明銶學術藏書

文／梁寶龍

我老師陳明銶教授主力研究中國工運史，尤其著力研究南方工運史，1980年代，他帶領我等編寫《香港與中國工運回顧》一書，安排龍少撰寫〈香港機工大罷工〉一文，他則撰寫〈機工元老——馬超俊〉一文。及後編寫《香港與中國工運縱橫》一書時，他則安排學生周蘿茜撰寫〈一九四九前華機會與港府關係〉一文。

老師走了，遺下一大批工運書給我，龍少與嶺南大學圖書館合作辦了個「陳明銶教授學術藏書」，將老師的藏書及文稿整理編目，供後學者使用。嶺大更將老師在書中留下的記錄，原封不動保留下來。老師也留下不少影印資料，也是原封不動保留下來，讓後學者可以體驗老師如何進行學術研究。

現我們完成了機工罷工百年酒會，接著計劃舉辦機工罷工百年學術研討會，可惜在嚴峻疫情下至今無法舉行。

中華書局正在編輯陳明銶文存，對工運史有興趣者要多加留意。南京大學的溫柏堅（Kent Wan）亦編輯完成陳明銶的英文文集，*Son of Hong Kong, Historian of China: The English Writings of Ming K. Chan*，現正排期印刷，明年初可出街。

機工工運有關的書籍及資料評介

整理／梁寶霖、梁寶龍

前言

台灣出版的中國近現代史書，與國內同類書在工運資料上有很大差別，台書多不會記載罷工等群眾運動（工運專著除外）。國內書則大量記載罷工等群眾運動。但有關1920年的機工罷工資料，國內出版的史書多不會記載，連部分工運專書也是如此。

有關香港史方面的書籍，各政治派系都有書出版，而大部分香港公共圖書館都藏有，當中以蔡思行著的《香港史100件大事》，記述1920年機工大罷工較為詳細。

有關香港機工資料，最重要的是華機會出版的刊物，該會能將大部分會刊保留下來，於三十年多前全部送到香港大學圖書館保存下來。

現有的工運史資料書，輯有香港機工史料極少，如要進行研究就要自己動手翻閱舊報刊。而1920年機工罷工，因《華字日報》有缺頁，找不到有關的新聞，英文報刊則有。

1884年反法大罷工並不是一宗單純的罷工事件，或工人運動，是一宗社會運動，更是一宗國際政治軍事事件，涉及中國、法國和英國的利益關係。這場運動由黃埔機工拒為法國戰艦維修開始，發展為全港的反法政治運動。

有關反法罷工的專文不多，舊的文章有鄺維強：〈百年前的香港罷工〉，載《新知識》1978年5月（香港）。較新的有梁寶龍在《汗血維城》撰寫的〈1884年香港反法大罷工〉，詳細闡述這宗罷工。

反法罷工的原始資料可參閱馬金科主編：《早期香港史研究資料選輯》下冊。中國史學會主編：《中法戰爭》（五）選輯有香港反法政治運動資料。

論著方面大部香港史和工運史也會談及反法罷工，但內容不多。較多篇幅談及的有：蔡思行著：《香港史100件大事》上冊；劉明逵、唐玉良主編：《中國工人運動史》第一卷。丁新豹的《善與人同：與香港同步成長的東華三院（1870-1997）》第077-080頁，闡述了東華醫院與反法政治運動的關係。

而1947年十三科罷工，更少書籍會談及，而報刊資料則多和易找。較詳細論述十三科大罷工的有周奕著：《香港工運史》。馬冠堯著：《車水馬龍》，也有一大段記述十三科大罷工。而陸延著：《異途相逢》，則主要在分析方面。

機工的原始基本資料，參閱劉明逵編：《中國工人階級歷史狀況》第一卷第一冊。盧權、禤倩紅編撰：《廣東早期工人運動歷史資料選編》。

有關華機會方面的資料，論文有周蘿茜：《1949年前華機會與港府關係》，載陳明銶主編：《香港與中國工運縱橫》。不少工運書都有談及華機會的成立，較多資料的有：周奕著：《香港工運史》，中國勞工運動史續編編纂委員會編：《中國勞工運動史》（一），李伯元、任公坦撰述：《廣東機器工人奮鬥史》等。文章方面有楊國雄：〈香港戰前的工會刊物〉，載魯言等著：《香港掌故》第9集。

工運史

1. 中國勞工運動史續編編纂委員會編：《中國勞工運動史》（一）至（五）（台北：中國文化大學勞工研究所理事會，1984精裝增訂版），主編：陸京士。平裝版一至七冊。
   本書（一）第二編第二章第一節第139-142頁，談1920年機工大罷工，該書第一編有華機會成立資料。第七編第二節十三有1947年機工罷工資料。
2. 劉明逵、唐玉良編：《中國工人階級歷史狀況》第一卷第一冊（北京：中共中央黨校出版社，1985）。
   本書選輯了一些工人的原始基本資料，包括機工，價值很高。後來於2002年出版了《中國近代工人階級和工人運動》14卷，其中第二、三、四卷有提及香港工運及機工原始資料。
3. 劉明逵、唐玉良主編：《中國工人運動史》第一卷《中國工人階級的產生和早期自發鬥爭（1840年至1919年4月）》（廣州：廣東人民出版社，1998），香港公共圖書藏有，可外借。
   本書共有六卷，第一卷第三章第一節二，是〈中法戰爭期間香港工人反法大罷工〉，第272-276頁。第一卷第三章第三節二，是〈參加武昌起義開始的辛亥革命〉，第311-318頁，闡述機工參加保衛武漢戰鬥。第572頁也有闡述華機會成立初期的資料。第二卷第131-132頁有談1920年機工大罷工，第132-134頁則談廣州機工罷工；第305頁，指粵港機工罷工的勝利，「對香港海員的鼓舞更為直接」。

4. 鄧中夏：《中國職工運動簡史1919-1926》（香港：文化資料供應社，1978），香港公共圖書藏有6個版本，部分可外借。

   本書有多個版本，第二章第五節有一段談1920年機工罷工，第七章是〈京漢大罷工——「二七」慘殺〉。1983年人民版《鄧中夏文集》轉載了全書，「中文馬克思主義文庫」亦轉載全書。

5. 中國工運研究所編：《新編中國工人運動史》上下卷（北京：中國工人出版社，2016）。

6. 王永璽著：《中國工人運動史研究》（北京：中國工人出版社，2013）。

   本書不少資料是其他研究者少用的，但可惜很多資料有誤。內有〈香港工人運動的歷史回顧及展望〉一文，有一大段談1920年機工罷工，是國內工運史學者文章較少見的。稱讚華機會從罷工中贏得港英在勞資糾紛中另眼相看。

7. 沈以行、姜沛南、鄭慶聲主編：《中國工運史論》（瀋陽：遼寧人民出版社，1996）。

   本書選輯有文章談南方工會，內容有廣東機器工會。

8. 唐玉良、王瑞峰主編：《中國工運大事記（民主革命時期）》（瀋陽：遼寧人民出版社，1990）。

   本書第100頁有一段，記載了1920年機工大罷工，亦有二七罷工、開灤罷工及其他機工罷工資料。

9. 李文海主編《民國時期社會調查叢編．城市（勞工）生活卷〉》上下（福州：福建教育出版社，2005），香港公共圖書藏有這套的11本，不外借。

10. 廣州工人運動史研究委員會辦工室：《廣州工人運動簡

史（初稿）》（廣州：1988）。

本書第二章第一節第41頁，有記述中國研機書塾歷史；第62-63頁記述1920年機工大罷工。

11. 李伯元、任公坦撰述：《廣東機器工人奮鬥史》（台北：中國勞工福利出版社，1955），香港公共圖書館藏有，不外借。

本書第二、三和四章有香港機工，及華機會成立的資料。第六章第三節〈助成港機罷工之勝利〉，是闡述1920年機工大罷工。第十三章第一節〈港機罷工之評述〉，是闡述1947年機工大罷工。

12. 盧權、禤倩紅編撰：《廣東早期工人運動歷史資料選編》（廣州：廣東人民出版社，2015）。

本書沒有專章談機工，但也收錄了不少機工資料。

13. 蔣永青、程立達著：《港澳工運史話》（北京：中國工人出版社，2000）。

本書有講述1920年機器工人大罷工，在第8頁中有一段。

14. 盧權、禤倩紅著：《省港大罷工史》（廣州：廣東人民出版社，1997），香港公共圖書館藏有，可外借。

本書第一章第三節〈粵港工人早期的反帝鬥爭〉內第35-38頁，有闡述1920年機工罷工，分量不少。作者指罷工「具有反抗外國資本帝國主義的政治意義。」而指受十月革命影響，有點為十月革命貼金，與事實不符，這次罷工肯定不是，同期其他的罷工可能是。

15. 中華全國總工會工運史研究室、中華全國鐵路總工會工運史研究室、河南市總工會工運史研究室、鄭州二七紀念館、武漢二七紀念館、北京長辛店二七紀念館籌備組合編：《二七大罷工資料選編》（北京：工人出版社，1983）。

二七大罷工主力是鐵路機器工人，本書厚達762頁，二七資料最詳盡。

16. 鐵道部鄭州鐵路局政治部著：《二七罷工鬥爭史話》（鄭州：河南人民出版社，1978）。
17. 《北京四史叢書》編輯委員會編，中共長辛店機車車輛工廠委員會選輯：《二七怒濤滾滾流》（北京：北京出版社，1964）。

以上兩書以故事形式講二七罷工。

18. 徐靜玉著：《廣州政府與英國的政治交涉研究（1918-1926）——以關餘、杯葛問題為中心》，北京：社會科學文獻出版社，2013。

本書第120頁有數句談1920年機工大罷工，要全面了解香港機工，本書所談的中英政治交涉有一定幫助。

19. 中華全國總工會編：《中華全國總工會七十年》（北京，中國工人出版社，1995）；主編：蔣毅。香港公共圖書館藏有，可外借。

本書第26頁談1920-1921年間港穗機工罷工，指提高了省港工人階級的威望，鼓舞了其他各業工人，起啟迪和示範作用。

20. 中國史學會主編：《中法戰爭》（一至七）（上海：上海人民出版社、上海書店出版社，2000），香港公共圖書館藏有，可外借。

本書的（五）選輯有香港人反法政治運動資料，分量不少。

21. 中共中央黨史資料徵集委員會編：《共產主義小組》（上下）（北京：中共黨史資料出版社，1987）。
本書載有多篇中國工運文獻。更重要的是有雁聲的〈中國勞動者第一次罷工勝利〉和上海《新青年》記者的〈香港罷工記略〉。

香港工運史

1. 周奕著：《香港工運史》（香港：利訊出版社，2009），香港公共圖書館藏有，可外借。
本書第二章〈開創廣州接待罷工工人的先例〉談1920年機工罷工，第七章〈華機會從慘勝到沒落〉談1947年十三科大罷工。
2. 周奕著：《香港工運史簡篇》（香港：利訊出版社，2013），香港公共圖書館藏有，可外借。
本書是上書的簡篇，第二章〈機工罷工　海員罷工〉談1920年機工罷工，第六章〈新舊文化的衝突〉有1947年十三科大罷工內容。
3. 梁寶霖、梁寶龍、陳明銶、高彥頤合編：《香港與中國工運回顧》（香港：香港基督教工業委員會，1982），香港公共圖書館藏有，不外借。
本書與機工有關的文章有：〈香港機工大罷工（1920）〉和〈機工元老——馬超俊（1885-1977）〉。
4. 陳明銶主編，梁寶霖、梁寶龍、趙永佳、陸鳳娥合編：

《香港與中國工運縱橫》（香港：香港基督教工業委員會，1986）。

本書與機工有關的文章有：〈二七大罷工〉和〈一九四九年前華機會與港府關係〉。

以上兩書今天來看資料較舊，龍少已把部分文章更新補充新資料，在網誌上發表，或收錄在新書中。

5. 梁寶龍著：《汗血維城——香港早期工人與工運》（香港：中華書局（香港）有限公司，2017），香港公共圖書館藏有，可外借。

   本書第17-30頁是〈1884年香港反法大罷工〉，詳述機工反法罷工，及其掀起的全港反法政治運動。

6. 梁富華著：《香港罷工個案之行家點評》（香港：火石文化出版社，2021）。

   本書有點評反法罷工，卻不點評1920年機工大罷工，及十三科大罷工，或許因為不了解。

7. 余非著：《競進存愛　電車情懷——香港電車職工會百年史整理》（香港：中華書局（香港）有限公司，2020），香港公共圖書館藏有，可外借。

   本書第6-7頁，第一部分第二節〈由香船塢華人機器技工於1920年拉開工運序幕〉。

8. 陸延著（Lu Yan）：《異途相逢——勞工運動與香港殖民統治1938-1958》（*Labor Activism and Colonial Governance in Hong Kong, 1938-1958*）（香港：中華書局（香港）有限公司，2022）。

   本書大量資料來自政府檔案及當日報刊，有很高價值。第四章第二節〈舊式工會喪失動力〉中第184-187頁，有談十三科大罷工，指華機會在罷工中一無所獲。

9. 〔英〕喬・英格蘭（Joe England）、約翰・里爾（John Rear）合著，劉進文、唐振彬譯：《香港的勞資關係與法律》（上海：上海翻譯出版公司，1984），香港公共圖書館藏有，不外借。

   本書是研究香港工運史必看的書，作者參閱政府檔案後撰寫，有很高價值，相對今天來看，小部分資料有點過時。

10. 陳明銶著：〈機器工人和海員的早期活動史略〉，載《珠海學報》第15卷1987年，第354-361頁。

11. 周蘿茜：《1949年前華機會與港府關係》，載：陳明銶主編：《香港與中國工運縱橫》（香港：香港基督教工業委員會，1986），第116-126頁。

    即Pauline Chow, *A Study of the Hong Kong Chinese Engineers' Institute From 1909-1947* (B. A. Thesis, History, University of Hong Kong, 1985)的中文簡略版。

12. 陳達著：〈我國南方的勞工概況〉，載立法院《統計月報》第1卷第10期，1929年12月。

香港史

1. 馬金科主編：《早期香港史研究資料選輯》上下冊（香港：三聯書店（香港）有限公司，1998，2018），香港公共圖書館藏有，可外借。

   本書下冊第三篇五章〈中法、中日戰爭期間的香港〉第556-578頁，選輯有反法政治運動的原始資料。

2. 香港方志中心有限公司編著：《香港志・總述　大事記》

（香港：中華書局（香港）有限公司，2020），香港公共圖書館藏有，可外借。

本書第138頁有數句談反法大罷工，第179頁有段講1920年機工罷工，第236頁談1947年機工罷工，有4行文字。

3. 陳昕、郭志坤主編：《香港全紀錄》第1卷《遠古－1955年》（香港：中華書局，1997），香港公共圖書藏有，不外借。

本書第99頁〈法軍入侵台灣等地　華人罷工以示抗議〉，第163頁〈米價上漲，生活難以為繼‧香港機器工人舉行罷工〉，第257頁〈機工罷工講究策略　各方支持終獲全勝〉。

4. 湯開建、蕭國健、陳佳榮主編：《香港6000年》（香港：麒麟書業有限公司，1998），香港公共圖書藏有，不外借。

本書第217-218頁是〈一八八四年香港碼頭工人的罷工鬥爭〉，第377-378頁是〈香港機工大罷工〉，詳細記述了罷工的經過。本書也有很多工會的資料。

以上三書體裁都是編年史和大事記式。

5. 元邦建編：《香港史略》（香港：中流出版社，1993），香港公共圖書館藏有，可外借。

本書第151頁，有9行文字談1920年機器工人大罷工。

6. 〔英〕弗蘭克‧韋爾什（Frank Welsh）著、王皖強、黃亞紅譯：《香港史》（*A History of Hong Kong*）（北京：中央編譯出版社，2007），香港公共圖書館藏有，可外借。

本書另以不同著者譯名弗蘭克‧韋爾許（Frank Welsh）、同名譯者的香港商務印書館2015年版，香港公共圖書館藏有，可外借。

在第417頁，有一段文字談1920年機器工人大罷工。

7. 劉智鵬、劉蜀永編著：《香港史——從遠古到九七》（香港：香港城市大學出版社，2019）。

   本書沒有文字談1920年機器工人大罷工，劉蜀永主編的《簡明香港史》（香港：三聯書店（香港）有限公司，2016，第三版），香港公共圖書館藏有，可外借，亦沒有文字談1920年機器工人大罷工。

8. 高馬可（John M. Carroll）著，林立偉譯：《香港簡史——從殖民地至特別行政區》（*Edge of Empires: Chinese Elites and British Colonials in Hong Kong*）（香港：中華書局（香港）有限公司，2013），香港公共圖書原藏有此書，不知為何不翼而飛。

   本書另有2021年的香港蜂鳥出版有限公司版，中華書局部分內容是有所刪節的，中華版市面已沒有，持有此版的人亦不多。

   蜂鳥版第四章第117頁是〈1920年機器工人罷工〉。

9. Last Minute香城市著：《空白的一百年——教科書不會告訴你的香港歷史》（香港：蜂鳥出版社有限公司，2021）。

   本書第七章第二節〈五四運動的漣漪〉第221-222頁，有一小段談1920年機器工人罷工。

10. 蔡思行著：《香港史100件大事》上下冊（香港：中華書局（香港）有限公司，2012），香港公共圖書藏有，可外借。

    本書上冊第三十七章〈香港機器工人舉行罷工〉由第

221-225頁，分量不少，下冊卻沒有1947年的十三科大罷工。

11. 劉智鵬著：《善道同行——東華三院一百五十周年史略》（香港：香港城市大學出版社，2021），香港公共圖書館藏有，可外借。
    此書第33-36頁談1921年東華東院籌建時，受1920年機工罷工後工潮不斷發生影響，接著是1922年的海員大罷工，延至1929年11月27日才開幕。
12. 馬冠堯著：《車水馬龍——香港戰前陸上交通》（香港：三聯書店（香港）有限公司，2016），香港公共圖書館藏有，可外借。
    本書第四章第二節〈沒有電車的日子：一場充滿智慧的罷工〉，由第132-137頁共有五頁半，記述十三大罷工，分量不輕。作者引當時報刊評論，指罷工影響了遠東。
13. 莫世祥著：《中共革命在香港1920-1949》（香港：中華書局（香港）有限公司，1996）。
    此書第244-252頁，闡述了1947年十三科大罷工與中共的關係。

遠東歷史

1. 〔英〕查爾斯．霍爾科姆（Maya Jasanoff）著，王啟安譯：《東亞史——從歷史的曙光到二十一世紀》（*Edge of Empire: Lives, Culture, and Conquest in the East, 1750-1850*）（台北：五南圖書出版股份有限公司，2021）。
   本書記述了中國、日本、韓國和越南等四國，由傳說至今的歷史，並闡這四國的相互關係。東亞工運機工占有重要地位，因而認識東亞歷史有助進入東亞工運題目內。

2. 共同編寫委員會：《東亞三國的近現代史》（北京，社會科學文獻出版社，2005），香港公共圖書館藏有，可外借。
3. 薛化元編著：《中國現代史》（台北：三民書局股份有限公司，1995），香港公共圖書館藏有，可外借。
   台灣中國近現代史書多不會記載罷工等群眾運動，本書亦不例外。
4. 裴宜理（Elizabeth J. Perry）著，閻小駿譯：《安源——發掘中國革命之傳統》（香港：香港大學出版社，2014），香港公共圖書館藏有，可外借。
   本書闡述中共在安源煤礦的活動，礦工內有不少機工。書內有談及辛亥革命的萍瀏起義。
5. 金冲及、胡繩武著：《辛亥革命史稿》1-4（上海：上海辭書出版社，2011），香港公共圖書館藏有，可外借。
   該套書另有1991和1985年上海人民出版社版。
6. 馮自由著：《革命逸史》上中下冊（北京，新星出版社，2009），香港公共圖書館藏有，可外借。
7. 全國政協文史和學習委員會編：《親歷辛亥革命——見證者旳講述》上中下冊（北京，中國文史出版社，2010），香港公共圖書館藏有，可外借。
   香港公共圖書館有關辛亥革命原始資料的書很多，以上三書有不少機工參加辛亥革命的資料。
8. 戈登著：《200年日本史》（香港：中文大學出版社，2014增訂版），香港公共圖書館藏有，可外借。

機工工運在日本史上占有重要位置，本書2006年中文版書名是《二十世紀日本——從德川時代到現代》，現已經有第四版。本書有不少工運資料。

香港公共圖書館藏有近十本不同的日本通史，可外借。

9. 〔日〕服部之總主編，長風譯：《日本工人運動史話》（北京：工人出版社，1958）。

10. 〔日〕片山潛、西川光次郎合著，王雨譯，舒貽上校：《日本的工人運動》（北京：生活·讀書·新知三聯書店，1964）。

    以上兩書都是舊書，可惜沒有較新內容的日本工運中文書。

11. 〔日〕片山潛著，郭勇譯：《片山潛自傳——一個踐者的足跡》（上海：上海人民出版社，2022）。

12. 〔美〕安德魯·戈登（Andrew Gordon）著，張銳、劉俊池譯：《日本勞資關係的演變——重工業篇，1853-1955年》（*The Evolution of Labor Relations in Japan: Heavy Industry, 1853-1955*）（南京：江蘇人民出版社，2011），香港公共圖書館藏有，不外借。

    本書細述日本現代工業如何引進西方技術，如何從日西技術混合下邁進現代工業技術。

13. 〔日〕茂呂美耶著：《大正日本——百花盛放的新思維、奇女子》（台北：遠流出版事業有限公司，2015），香港公共圖書館藏有，可外借。

14. 周佳榮著：《一本書讀懂大正日本》（香港：三聯書店（香港）有限公司，2021），香港公共圖書館藏有，可外借。

15. 〔日〕竹村民郎著，林邦田譯：《大正文化——帝國日本的烏托邦時代》（台北：玉山社出版事業股份有限公司，2010），香港公共圖書館藏有，可外借。
大正是日本全面開展社運的起點，以上書有助了解大正時期的社會情況。
16. 〔美〕英子．丸子．施奈華（Eiko Maruko Sinawer）著，游淑峰譯：《日本暴力政治——流氓、極道、國家主義者，影響近代日本百年發展的關鍵因素》（*Ruffians, Yakuza, Nationalists: The Violent Politics of Modern Japan, 1860-1960*）（台北：麥田出版，2021），香港公共圖書館藏有，可外借。
17. 〔日〕牧原憲夫著，臧志軍譯：《民權與憲法》（香港：香港中和出版有限公司，2015），香港公共圖書館藏有，可外借。
18. 福武直著，王世雄譯《日本社會的結構》（台北：東大圖書股份有限公司，1981）。
19. 〔日〕北岡伸一著，周俊宇、張知程、陳柏傑譯：《日本政治史——以外交與權力的雙重視角，解讀從幕府到冷戰的關鍵時刻》增補版（台北，麥田出版，2018），香港公共圖書館藏有，可外借。
要了全面了解工運史，社會、經濟、文化和政治也要了解。香港公共圖書館藏有不少日本社會、經濟、文化和政治的書。
20. 黃大受著：《台灣史綱》（台北：三民書局，2001），香港公共圖書館藏有，可外借。
21. 蔡正元著：《台灣島史記》上中下冊（香港：中華書

局（香港）有限公司，2020增訂），香港公共圖書館藏有，可外借。

22. 陳孔立主編：《台灣歷史綱要》（台北：人間出版社，1997），原出版社是北京九州圖書出版社，香港公共圖書館藏有九洲版，可外借。
23. 台灣研究基金會策劃：《三代台灣人——百年追求的現實與理想》（台北：遠足文化，2018）。
24. 駱芬美著：《被扭曲的台灣史——1684-1972撥開三百年的歷史迷霧》（台北：時報文化出版企業股份有限公司，2015），香港公共圖書館藏有，可外借。
25. 陳翠蓮著：《自治之夢——日治時期到二二八的台灣民主運動》（台北：春山出版有限公司，2020）。

    1928年台灣全島大罷工是機工帶頭而展開的，因而要了解台灣史。香港公共圖書館藏有十多本不同的台灣通史，可外借。
26. 戴天昭著：《台灣政治社會變遷史》（台北，前衛出版，2019）。
27. 洪士程編著：《台灣勞工運動》（台北：華立圖書股份有限公司，2006）。
28. 蔣闊宇著：《全島總罷工——殖民地台灣工運史》（台北：前衛出版社，2020）。

    台灣的工運書不少，專書談日治的工運史的不多，本書分量十足，是工運人必看的好書。
29. 蔡石山著，黃中憲譯：《台灣農民運動與土地改革，1924-1951》（台北：聯經出版事業股份有限公司，2017），香港公共圖書館藏有，可外借。

台工運與農運有緊密關係，要全面了解台工運，必要看農運的書。

30. 戴月芳著：《台灣的姊姊妹妹——台灣婦女運動進行式》（台北：五南圖書出版股份有限公司，2014）。
本書是台書少有的，不少內容談及女工工運。

31. 〔日〕竹中信子著，蔡龍保譯：《日治台灣生活史——日本女人在台灣（明治篇1895-1911）》（台北：時報文化出版企業股份有限公司，2007），香港公共圖書館藏有，可外借。
台工運與農運有緊密關係，要全面了解台工運，必要進一步了解台灣人的生活。

32. 董向榮編著《韓國》（北京，社會科學文獻出版社，2005），香港公共圖書館藏有，可外借。

33. 朱立熙編著：《韓國史》（台北：三民書局股份有限公司，2003），香港公共圖書館藏有，可外借。

34. 楊益等著：《你一定想看的韓國史》（台北：海鷹文化，2020），香港公共圖書館藏有，可外借。
香港公共圖書館藏有的韓國通史不多，只有數本。

35. 〔韓〕具海根著，梁光嚴、張靜譯：《韓國工人——階級形成的文化與政治》（北京：社會科學文獻出版社，2004），香港公共圖書館藏有，可外借。

36. 宋成有、石福鉉編著：《北京大學與韓國「三・一」獨立運動》（香港：香港社會科學出版社有限公司，2003），香港公共圖書館藏有，可外借。

37. 〔日〕岡本隆司著，陳彥含譯：《朝鮮的困境——日清韓關係史》（新北：八旗文化，2017），香港公共圖書館藏有，可外借。

傳記、個人文集

1. 《中國工人運動的先驅》第一至四集（北京：工人出版社，1983-1985）。

   此傳記集內的機工領袖有：第一集的劉祥謙，第二集的楊殷和康景星，第三集的鄧培，第四集有香港機工羅登賢。

2. 《馬超俊先生言論選集》編纂會編：《馬趣俊先生言論選集》（台北：中國勞工福利出版社，1967）。

   此書第一冊是論著（上），第二冊是論著（下），第三冊是講辭，第四冊是雜著。第一、二冊記錄了不少他自己的革命運動，也有不少涉及香港機工及華機會的資料。

   第二冊論著（下）《五十年來中國國民革命與勞工》第25頁有闡述1920年機工罷工，稱為亞洲第一創舉，也是反抗帝國主義第一呼聲。

   第二冊論著（下）《國父與勞工》第166-167頁有闡述1920年機工罷工。

3. 馬超俊、傅秉常口述，劉鳳翰整理：《馬超俊、傅秉常口述自傳》（北京：中國大百科全書出版社，2009），香港公共圖書館藏有，可外借。

   本書原始版是郭廷以訪問，劉鳳翰記錄：《馬超俊先生訪問紀錄》（台北：中央研究院近代史研究所，1992），及郭廷以校閱、沈雲龍訪問、謝文孫紀錄：《傅秉常先生訪問紀錄》（台北：中央研究院近代史研究所，1993）兩書的合輯。香港公共圖書館藏有以上兩書，不外借。

馬超俊被稱為機工之父，本書第二章第一節〈香港兩年〉談在香港做機工的工作，第六章第四節〈港埠大罷工〉是談1920年機工罷工。

4. 黃振威著：《傅秉常傳——從香港大學到莫斯科中國大使館》（香港：中華書局（香港）有限公司社，2018），香港公共圖書館藏有，可外借。
5. 賴澤涵、黃萍瑛著：《立法院院長孫科傳記》（台北：立法院議政博物館，2012）。
6. 高華著：《多變的孫科——歷史學家筆下的孫中山之子》（香港：香港中和出版有限公司，2012），香港公共圖書館藏有，可外借。
7. 蕭傑著：《胡漢民》（北京：團結出版社，2011），香港公共圖書館藏有，可外借。
8. 蔡登山主編，胡漢民、汪希文原著：《任重道遠——民初巨擘胡漢民傳》（台北：秀威資訊科技股份有限公司，2019），香港公共圖書館藏有，可外借。

以上各政治人物都是廣東人，機工工運有很濃厚廣東地域色彩，閱讀這些傳記有助了解廣東機工的政治和社會關係。

世界工運史

1. 〔美〕威廉·福斯特（William Zebulon Foster）著，李華、趙松、史仁合譯：《世界工會運動史綱》（北京：生活·讀書·新知三聯書店，1961）。
2. 中央黨校國際工人運動史教材室編著：《國際工人運動

史》（北京：中央黨校出版社，1987）。

中文的國際工運史專書，龍少只看過兩、三本，翻譯的除福斯特的外，譯自俄文的亦有一套：蘇共中央直屬高級黨校國際工人運動和民族解放運動史教研室編：《國際工人運動和民族解放運動史》，第一卷《十八世紀六十——八十年代至一九一七年》，第二卷《一九一七年——一九三九年》（北京：生活·讀書·新知三聯書店，1964）。

文藝

1. 曾文昌著：《做鐵工的人——無極限的生活工法，不被彎折的意志，與鐵共生的男人》（台北：柿子文化事業有限公司，2018）。

   本書是文學作品，著者是焊接工人，他認為鐵工除了要有好技術外，亦要有些藝術修為，才能完成一件好的製品。

2. 黃堯、黃蕙著：《南僑機工——南洋華僑機工回國抗戰紀實》（昆明：雲南人民出版社，2015）。

   有關南洋機工回國抗日的故事，香港公共圖書館藏有：華僑博物館編的《南僑機工》（北京：文物出版社，2005）不外借；楊國賢、姚明麗編著的《南僑機工英名錄》上下冊（吉隆坡：21世紀出版社，2015），不外借；新加坡的《南僑機工——一批熱血華僑回中國抗日的不平凡故事》（*Nanqiao jigong: the extraordinary story of Nanyang drivers and mechanics who returned to China during the Sino-Japanese war*, National Archives of Singapore, 2010）。

鳴謝

本書得以面世先感謝供稿的區志堅、林浩琛和抗癌治療中的梁寶霖，及接受訪問剛離世的曾常等。

本書寫作初期正值疫情嚴峻，公共圖書館全部閉館，令龍少不能核實部分草稿資料，疫情稍緩後圖書館重開，我即再闖圖書館，查資料核實草稿內容。

在此也向秀威資訊科技股份有限公司的編印出版工作人員致謝，還有一直協助我處理文件和財務的外甥黃崇毅，及為我分憂照顧病父的印傭莎莉。

新成立的「香港工運史研究會」也為本書提出不少意見和資料。

更重要的是向華機會致謝，他們提供了不少意見、資料和照片。

謹以此書緬懷在工運路上無私奉獻的先輩們，願我等後來者繼續團結奮鬥，為香港美好遠景努力。

梁寶龍

2023年7月10日

血歷史239　PF0323

新銳文創
INDEPENDENT & UNIQUE

邁向現代工運第一炮
——1920年機工罷工百年紀念文集

作　　者	梁寶龍
責任編輯	尹懷君
圖文排版	黃莉珊
封面設計	王嵩賀

出版策劃	新銳文創
發 行 人	宋政坤
法律顧問	毛國樑　律師
製作發行	秀威資訊科技股份有限公司 114 台北市內湖區瑞光路76巷65號1樓 電話：+886-2-2796-3638　傳真：+886-2-2796-1377 服務信箱：service@showwe.com.tw http://www.showwe.com.tw
郵政劃撥	19563868　戶名：秀威資訊科技股份有限公司
展售門市	國家書店【松江門市】 104 台北市中山區松江路209號1樓 電話：+886-2-2518-0207　傳真：+886-2-2518-0778
網路訂購	秀威網路書店：https://store.showwe.tw 國家網路書店：https://www.govbooks.com.tw

出版日期	2024年2月　BOD一版
定　　價	390元

Printed in Taiwan

讀者回函卡

國家圖書館出版品預行編目

邁向現代工運第一炮：1920年機工罷工百年紀念文集 / 梁寶龍著. -- 一版. -- 臺北市：新銳文創, 2024.02

面； 公分. -- (血歷史；239)

BOD版

ISBN 978-626-7326-17-6(平裝)

1.CST: 罷工 2.CST: 勞動問題 3.CST: 勞工運動史 4.CST: 文集 5.CST: 香港特別行政區

556.22　　112022739